Glass House

ガラスの家

開放的な暮らしを実現する住まい

ニッキー・アダムス 著
田中 敦子 訳

ガイアブックスは
地球《ガイア》の自然環境を守ると同時に
心と体内の自然を保つべく
“ナチュラルライフ”を提唱していきます。

First published in the United Kingdom in 2007 by
Thames & Hudson Ltd,
181A High Holborn, London WC1V 7QX

www.thamesandhudson.com

Created and produced for Thames & Hudson by
Palazzo Editions Ltd,
15 Gay Street, Bath, BA1 2PH
www.palazzoeditions.com

Book design: Bernard Higton
Picture research: Sue Ucel
Managing editor: Victoria Webb
Copy editor: Sonya Newland

2ページ：「シンパティコ・セム」のガラスの壁越しに見える峡谷の壮大な眺め。カリフォルニア州マリブの丘に建つこの邸宅は、建築家のスティーブン・H・カナーが設計した。

右：1995年、建築家のセス・スタインが、ロンドンのビクトリア朝時代の厩舎をモダンなガラス住宅に改築。ガラス張りのギャラリーに光が降り注ぐ。

次の見開き：このカリフォルニアの邸宅を構成する湾曲したガラスの構造群は、設計者のエド・ナイルズ曰く、「フォルムの集落」を形成している。

目次

はじめに 8

1 革新者たち 10

2 内と外が一体になった暮らし 36

3 新たな生命を吹き込む 96

4 風景に溶け込む家 128

結論 190

建築家ディレクトリ 191

はじめに

「空間と光と秩序。これらはパンや寝床と同様に、人間に不可欠なものである」これは1923年に出版され、近代建築論のバイブルとなった『Vers une architecture(建築をめざして)』の中でル・コルビュジエが語った言葉である。このとき彼は自分や、自分よりも少し後に登場した20世紀中期住宅建築の先駆者たちが、新たなライフスタイル——その実現には空間の再構築が必要だった——を見つけていくことを確かに予見していた。

ル・コルビュジエが夢に描いたのは、従来よりも流動的で柔軟性に富む自由な生活空間だ。その夢はフィリップ・ジョンソン、ルートヴィヒ・ミース・ファン・デル・ローエ、ピエール・コーニッグなど、この新スタイルの胎動の影響を受けたあまたの建築家によって受け継がれた。20世紀半ばになると,それまで各部屋を仕切っていた壁を取り払うことで、部屋と部屋がゆったり流れるように連続する開放的な空間が生み出された。これによりモダニズム住宅の室内は、さらに有機的なフォルムへと容易に転換できるようになった。その一方で、ある素材を外壁の一部に用いれば、さらに自由な空間が創出されうることも分かってきた。その素材とは、機能的で用途の広い建材であることを当時証明しつつあった「ガラス」である。

モダニズム建築の黎明期を通じて、ガラスの製法技術は飛躍的に進歩しつづけ、ガラスは強度と透明度を増し、それまで主流だったレンガやブロック、コンクリートに代わりうる建材として信頼性を高めていった。建築界のパイオニアたちが、さらに曇りのない透明感をそのデザインに求めたときも、ガラスメーカーはより大きく個性豊かな板ガラスを彼らに提供し、その高まりつつある審美的要求に応えることができた。かくして暮らしの中の境界は奇跡のようにほぼ消え去り、室内空間は透視性の高いガラスの薄膜だけで物理的に仕切られた。新たにイメージされた自由に流れるこの空間は、屋外にあふれ出るよう誘導され、風景と光——そして息吹——をしっかりとらえて建物内部にもたらした。

人々がガラスの住宅を最初に思い描き、建設し、繰り返し話題にしてから月日は流れ、その間、われわれのライフスタイルも徐々に変化していった。用途ごとにスペースが仕切られた従来型の住宅は、今でも世界中で設計・建設されており、多くの人がそこで幸せに暮らしている。その一方で、20世紀のモダニストが夢見た理想へと誘引しつづける隠れた潮流も存在する。21世紀になると、人々の暮らしはさまざまな点でカジュアルになり、リラックスできる住空間がもてはやされた。つねに変化しつづけるこうしたニーズを満たすべく、住宅にも進化が求められた。流動性と順応性に富む、間仕切りのないオープンプランの住まい。それは多くの者が実現し、さらに多くの者があこがれる暮らしとなった。ガラスの技術は、ル・コルビュジエをはじめとする近代建築家が想像した以上に発展した。おかげで住まいは建物の内と外が一体化した開放的な空間となり、人々がそこで暮らす機会も広がりはじめている。ガラス住宅の設計を建築家に依頼するには、庶民の資力を超えた莫大な費用がかかる。だが、ガラス住宅のデザインの中でも特に功を奏した要素のいくつかは——注文住宅であれ、建売りであれ——住宅建築に取り入れられつつあり、こうした事実は、広々とした眺めが楽しめる軽快で明るい住宅を求める人々の声を反映している。

建築家が特別な依頼を受けて手がけた住宅のデザインは、じつにバラエティー豊かだ。当時としては画期的だった20世紀のモダニズム様式に根ざすものもあれば、前世紀のアイデアを凝縮した、住まいでありながら彫刻でもあるような、透き通った輝きを放つ大邸宅もある。建築家が自分の好みを極力抑えた場合、ガラス住宅のデザインは、施主の特殊な意向に沿ったものとなる。ゆえに、この素材を用いた建築の中でも特に目を見張るデザインのいくつかが、建築家がみずから設計した自邸であるのは偶然ではない。

ガラスの住宅は、その発展の自然な流れの中で「オープンプランの住まい」というモデルにたどり着いた。その多くが、インドアとアウトドアが一体になった暮らし——窓の掛け金を外すとか、重いドアの取っ手を回すなどの面倒なことをしなくても、室内から屋外へ、屋外から室内へと自然に流れるように移動できる暮らし——を実現する媒介と考えられている。この「西海岸」式ライフスタイルは、世界の温暖な地域で特に好まれるが、現代ガラスの高い断熱性に高度な工学技術が加われば、比較的寒冷な地域でも実現できるかもしれない。たとえば戸外の庭まで延びている屋内プールも、肌寒い季節にはスライド式のガラスルーフで覆う設計にすれば、さらに人気が高まるだろう。ボタン1つでオープンエアになるダイニングスペースも、ガラス住宅ではポピュラーなデザインだ。

ガラスが家屋に与える素晴らしい贈り物は言うまでもなく「光」であり、一条の陽光を求めてやまない古びた家は少なくない。手入れのされていなかったそうした家も、重苦しい壁を総ガラスの窓やドアと取り換えたり、屋根をガラス張りにしたりするだけで、見違えるほど生まれ変わる。

ガラス住宅の最も成功したケースの中には、外から見られるだけでなく、外を眺めることを意識して建てられたものがある。素晴らしい風景が楽しめるロケーションは、ガラス住宅には理想の立地であり、ガラスを使えば自然の美しい景観にむやみに手を加えることなく、地の利を最大限に生かすことができる。広々としたガラス窓に切り取られたロッキー渓谷、壮大な山並み、深い森、静謐な風景、うつろいゆく海の景色、都会の喧騒を忘れさせてくれる市中の庭の眺め。室内に戸外の景色を十分に取り込んだガラス住宅の姿がここにある。

さまざまな環境と施主の好みに合わせて、多様な手法を駆使して設計された今日のガラス住宅は、われわれの暮らし方や環境との関わり方について興味深い洞察を与えてくれる。ル・コルビュジエの予見は的中した。空間と光と秩序は、現代の住空間に欠かせない三大要素となったのだ。

1950年代、ピエール・コーニッグは他に先駆けてカリフォルニアの住宅建築に工業素材を使用し、シンプルで美しい邸宅を設計した。ガラスとスチールで構成されたこのエレガントなケース・スタディ・ハウスNo.21もその1つ。

世界に名だたる20世紀のパイオニア的建築家の作品に今ふたたび目を投じると、彼らが設計した住宅が今の時代に建てられたものでないとは、にわかには信じがたい。彼らが編み出したガラスの斬新な利用法――その目的は、光を装飾のポイントに使うためや、屋内外の境界をあいまいにするため、あるいはレンガやモルタルの代用にするためなど、さまざまであるが――は、まちがいなくその後の住宅建築に多大な影響を与えた。本書のページが、美しく、光に満ちた独創的な住宅であふれているのもそのおかげである。住む人に愛され、暮らしを満喫してもらうために、透明感のある家が求められた。

ガラスの製造における真の革新者は、古代エジプト人だった。火の中で砂を溶かすと、驚くほど光を透過する未知の物質ができることを彼らが偶然発見した。やがてエジプト人は壺や杯などのガラス器をつくるようになるが、不純物のない均一なガラスが製造されたのは、ベネチア人がガラスの製造市場を席巻した中世以降のことである。ベネチアの熟練ガラス職人がヨーロッパ各地に出稼ぎに行く時代が中世の終わりまで続いた。出稼ぎ先では彼らがつくった色鮮やかなガラスが、精緻なステンドグラスの窓に加工され、壮麗な大聖堂に光と色と息吹をもたらした。ノートルダムやアーヘン大聖堂、ヨーク・ミンスターといったゴシックの名建築は、当時のステンドグラス職人の熟達した技術を今に伝えている。

その後、透明な色ガラスは宗教建築のみならず、当時の壮大な公共建造物にも使われるようになるが、個人邸宅において板ガラスの需要が高まったのは、チューダー家がイングランドの王位に就いてからのことである。その高額さゆえにガラスは珍重された。虚栄心の強いチューダー朝の貴族たちは、建築家に依頼して大邸宅を建てさせ、ベネチアのガラス技術の粋を集めた巨大な窓でファサードを埋め尽くした。

ガラスそのものを建材に使った住宅設計が可能であることを最初に

1 革新者たち

示し、将来的に建造されることを予想させたのは、おそらくエリザベス朝時代のガラスと石の建築だろう。この時代に建てられた数々の荘厳な大邸宅——ダービーシャーのハードウィック・ホールとノッティンガムシャーのワークソップのマナー・ハウス〔訳注：1761年に焼失〕がその代表例——の多くは現存しており、その窓割りは今なお、人々の瞠目の的になっている。それまでガラスは、採光用の開口部をふさぐ素材と考えられてきたが、平らな板ガラスや湾曲した窓ガラスの見事な配置は、そうしたガラス観からの決別を示している。当時の窓は、これら建築物におけるファサードの重要性を物語るとともに、デザイン様式の要でもあった。

とはいえ、一般的にチューダー様式の窓は比較的小さな板ガラスの寄せ集めであり、面積の広い1枚ガラスの窓がつくられるのは、板ガラスの製造技術がさらに発展するまで待たねばならなかった。この分野で熟練の腕を発揮したのがフランス人だった。そのことはルイ14世がベルサイユ宮殿の壮麗な窓ガラスをつくらせた、お抱えガラス職人の技術によって見事に示されることになる。1678年、宮殿の正面幅を3倍に拡張した建築家のジュール・アンドゥアン・マンサールは、床から天井まで届く巨大なガラス窓を設計して、一方の壁に次々と取りつけ、もう一方の壁に窓と対面する形で鏡をずらりとはめ込んだ。こうして全長73mの「鏡の間」を光であふれさせ、宮殿の中でもとりわけ絢爛豪華な広間をつくりあげた。

一般に最初のガラス邸宅とされているベルサイユ宮殿は、石とガラスでつくられたゴシック時代の宗教・公共建築と、鉄とガラスでつくられた19世紀の工業・商業建築とをつなぐ架け橋となった。20世紀建築界の革命児たちは、これら諸要素の影響を受けながら、ガラスを用いた住まいの新たなスタイルを思い描いていった。

ル・コルビュジエは1920年代について、ガラス窓がその面積を最大限に広げるために、技術の限界と格闘する時代になると予想した。だが実際に20年代になると、技術革新によって巨大な板ガラスの製造が可能となり、そのことが現代建築の発展に大きく寄与した。ガラスの新技術によって強度が高く審美性に優れた多目的な素材が生み出され、そうした特性が、当時起こりつつあった住宅建築の大変革にうまくマッチした。

20世紀初頭の革新的な建築家にとって、大きな板ガラスの採用は、「明確に仕切られた機能的な住空間」から、「環境と調和する流動的な室内空間を提供して、よりオープンプランの住まいを実現するシンプルなデザイン」への移行を示すものだった。初期のガラス住宅を設計した革命児たちの創造性、技量、不屈の精神は、彼らの代表作に顕著に現れており、本章ではそのごく一部を紹介していく。いずれも、今日の素晴らしいガラス住宅に影響を与えることになる名建築である。

「ドラムのようなアールデコ邸宅」

イギリス：サリー州チャートシー　「素材としての完成度を維持したまま、あらゆるものに適応する能力をもつ媒体」ガラスをこう表現したのは、初期モダニズムの建築家、レイモンド・マグラスだ。彼は住宅建築におけるガラスの可能性に魅了された。

アイルランド系オーストラリア人のマグラスは、シドニー大学で建築を学んだ後、1926年にイギリスに渡り、ケンブリッジ大学クレア・カレッジのフェローシップを得る。その在学中に、ビクトリア朝様式の学生寮の内装を大胆にリフォームしてほしいとの依頼を受けた。彼はこの依頼を、ガラスを装飾に用いる好機ととらえ、鏡で天井を見事に埋め尽くした。

ガラスを装飾に生かすことに興味を覚えたマグラスは、それをテーマにした論文を数本書き上げ、1937年には、後世に多大な影響を与えることになる『Glass in Architecture and Decoration（建築と装飾におけるガラス）』を発表した。著書の中で、マグラスは現代住宅にガラスを取り入れることを提唱し、ガラスの使用が「建築とデザインの春の大掃除《スプリング・クリーン》」を引き起こすと予想した。

この春の大掃除《スプリング・クリーン》が最も顕著に現れているのが、マグラスの初の大仕事となった、ドラムのようなアールデコ邸宅のデザインだ。これは造園家のクリストファー・タナードとそのパートナーのG.L.シュレシンジャーの依頼で1937年に建てられたものである。サリー州チャートシーの丘の中腹に建つこのヒルハウスを、マグラスはこう表している。「1切れカットした大きな丸いチーズのような外観をもつ、日当たりの良い南向きのこの邸宅は、私が

左：1937年に建てられた円形のモダニズム邸宅。設計者のレイモンド・マグラスはこの邸宅を「1切れカットした大きな丸いチーズ」と表している。

右：ヒルハウスの床から天井まで広がる窓の連なり。庭園を暖かく迎え入れるこの壁一面の窓は、施主である造園家のクリストファー・タナードが最初に基本設計したもの。

イギリスで手がけた住宅建築の中で最も意欲的な作品である」

湾曲したガラス張りの応接室からは、パノラマのような美しい景色が一望できる。ヒルハウスが建てられるまでは、そうした応接室をもつ家はこの辺りでは珍しかった。おそらくマグラスは、この地にすでに定着していた18世紀の英国式庭園からヒントを得たにちがいない。床から天井まで広がる12枚のサッシ窓がなめらかな弧を描き、この邸宅の中心となるリビングエリアを生み出している。2階でも、ずらりと並んだ背の高い窓が主寝室を包み込み、高所から望む見事な景色を提供している。

その後、オーナー（どのオーナーも邸宅の手入れには関心が薄かった）が次々と変わり、「大きな丸い家」と呼ばれたこの建物も荒れ果てた。だが2000年、ある家族がここを買い取ると状況は一変する。彼らは建築事務所の〈ムンケンベック＋マーシャル〉に、モダニズム時代の輝きをよみがえらせるよう家の改修を依頼した。大きな窓の金属フレームを取り替えてリフォームした結果、グレード2に格付けされていた家は、快適な家族向け住宅に生まれ変わった。以来、よりフレキシブルで開放的なライフスタイルへの変化を見事に体現したこのガラス張りの応接室は、数々の現代住宅で模倣されてきた。来たるべき世紀には、そうしたライフスタイルが一般的になると考えたマグラスの予想は正しかったのだ。

左：邸宅の弓形のフォルムは玄関ロビーにも取り入れられ、曲がりくねった階段が巨大な鏡に映っている。

上：光あふれるメインのリビングエリア。

右：さらに湾曲した窓が2階のマスタースイートに取りつけられ、邸宅のフォルムを際立たせている。

アメリカ：コネチカット州ニューカナーン　「これは、私の建築家人生の中で最も汚れなき時間だった」1949年に竣工した自邸「ガラスの家」について、フィリップ・ジョンソンはこのように述べている。「その他はいつも決まって3つの問題――施主、機能性、金銭――で汚される。でもここでは、どの問題にも煩わされることはなかった」

実際に、コネチカット州ニューカナーンに建つジョンソンのガラスの家は、機能性には欠けるものの、「建築史上最も美しい邸宅の1つ」との誉れが高い。著名なモダニズム建築家、ルートヴィヒ・ミース・ファン・デル・ローエの作品から着想を得て建てられたこの邸宅は、視界を遮る壁など1つもない、純然たるガラスの家である。

ミース・ファン・デル・ローエやル・コルビュジエらによるヨーロッパのモダニズム建築をアメリカに紹介したのは、フィリップ・ジョンソンだとされている。また、ニューヨーク近代美術館（MoMA）の建築・デザイン部門の初代ディレクターだったことから、当時世界中の建築に影響を及ぼしつつあったヨーロッパのモダニズム建築を「インターナショナル・スタイル（国際様式）」という言葉で表わしたのもジョンソンだと考えられている。1940年、彼は母校のハーバード大学に戻り、マルセル・ブロイヤーのもとで建築学を学んだ。自邸のガラスの家を設計したのは、修士論文を準備している頃だった。

この邸宅のデザインは、伝統的な北米式住宅建築とは明らかに一線を画すものである。グレーの鉄骨に支えられたこの家は、風景の中に四角い姿でどっしりと建っている――ガラスの外観に接触する壁は室内には一切存在しない、正真正銘のガラスの箱である。内部には部屋が1つあるだけで、その空間はクルミ材の低いキャビネットによって生活エリアと休息エリアとに仕切られ、レンガ造りの円柱の内部はバスルームになっている。

機能性よりも美しさを追求して建てたガラスの家を、ジョンソンはどちらかといえば、住まいとしてではなく、「デザインとは何か」を伝えるメッセージと考えた。それでも、ミニマリズム的傾向がさらに強まったその後のデザインとは違い、この家には、当時ひろく受け入れられていた住宅建築の伝統に通じる対象性と堅牢性が備わっている。ジョンソンはこの設計を機に、フォルムと素材とアイデアの50年にわたる試行錯誤の旅に出た。旅の果てに生まれたのが、コネチカット州の16 haの土地に点在する数々の「パビリオン」だ。これによりジョンソンは、1979年、建築界のノーベル賞ともいわれるプリツカー賞の初の受賞者となった。

ガラスの家は1986年に米国ナショナル・トラストに譲渡され、ジョンソンの死から2年後の2007年に一般公開された。そして今、ここを訪れる人々は、最初期ガラス住宅の世界的シンボルの汚れなき姿に、うっとりと見入っている。

「最初期ガラス住宅の世界的シンボル」

左：ジョンソンのガラスの家には、基本的に部屋が1つしかない。流れるように続く空間の中で、ガラスの壁一面に広がる風景が圧倒的な存在感を示している。

右：住まいというよりも、デザインの何たるかを示すために建てられたこの邸宅は、透明な外観を損なう壁が一切存在しない、純然たるガラスの家である。

「簡素で透明な長方形のガラス」

アメリカ：イリノイ州プラノ　1961年、コロンビア大学で開かれたシンポジウムでフィリップ・ジョンソンは次のように述べている。「私はかつてミースにこう言いました。ガラスの家なんて無理ですよ。家には部屋が必要ですが、部屋をつくれば、間仕切り壁がガラスと接触することになります。そうなると美観が台無しになりますから。するとミースは答えました。『大丈夫、できるから』」

前項で紹介したように、ジョンソンは家具を間仕切り壁の代わりに用いることで、ガラス住宅の設計上の問題を解消した。一方、ジョンソンと同時代の建築家、ルートヴィヒ・ミース・ファン・デル・ローエは、このアイデアをさらに推し進めた。1951年にイリノイ州プラノ近郊に建てられたファンズワース邸は、ミニマリズムを徹底的に具現化した建築史上有数の住宅だ。外観はガラスで覆われたシンプルな長方形。内部は、キッチンと2つのバスルームの入った小さな四角い構造物をのぞけば、完全なオープンプランになっている。何よりもこの家は、ほぼ全体が透けて見えるのだ。

モダニズム建築の巨匠ミースは1886年、ドイツのアーヘンで生まれた。製図工の訓練を受けた後、1920年代にはベルリンに建つガラスの超高層ビルの設計プロジェクトをいくつも手がけ、さらに1929年のバルセロナ万国博覧会では「バルセロナ・パビリオン」と称されるドイツ館を設計した。ガラスを多用したこの長方形のシンプルな建造物は、ミースの後年の創作活動の先鞭をつける作品となった。その後、バウハウス・デッサウの校長を3年間務めるが、1933年に同校がナチスによって閉鎖されたため、4年後にアメリカに亡命。同国では、第二次世界大戦後の復興期に起きた建築改革の大いなる推進者として活躍した。

ミースは、大量生産された機能的な鉄骨の中に芸術性を見いだし、アメリカで自身が手がけた数々の公共建築の巨大なボリュームに古典主義の風を吹き込んだ。彼の仕事で最も有名なのが、アメリカ商業主義のシンボルとなった超高層ビルの設計だ。ニューヨークにそびえ立つガラスとスチールの目を見張るようなシーグラムビル（1958年竣工、フィリップ・ジョンソンとの共同設計）は、その代表例である。

その一方で、ミースは住宅の設計も手がけている。1951年に医師のエディス・ファンズワースの別荘として、フォックス川を見下ろす敷地に建てられたファンズワース邸もその1つだ。

とはいえ、この邸宅は「住居」というよりは「建物」と呼ぶほうがふわさしく、そこが住空間に適しているかどうかについては、建設当初からたびたび議論が交わされてきた。この上なくシンプルなフォルムをもつ居住建築。大地から1.5m浮き上がった高床式のこの家は、緑豊かな環境からも、日常の煩雑さからも切り離されて超然と建つ「ガラスの箱」である。白いスチールの柱が、この平屋建ての真っ平らな床と屋根とを支え、必要最小限の家具と身の回り品しかない、すっきりとした内部空間が自由に流れていく。継ぎ目のないガラスの側面が、屋内で営まれる生活のあらゆる部分をさらけ出し、周囲の草木だけが、この家に唯一のプライバシーを提供している。

それまでは、暮らしを営むにはあれもこれも必要と考えられてきた。住宅建築の転換点を示したミース・ファン・デル・ローエのファンズワース邸は、そうした既成概念を超越する「簡素の美学」を体現した模範的作品である。

左：イリノイ州の緑豊かな郊外に建つミースのガラスの箱は、インターナショナル・スタイルをもつモダニズム建築の代表作。ファサードを構成する1枚ガラスは床から天井まで伸び、それぞれスチールの竪子《たてこ》によって建物の構造に固定されている。

下： 8本のスチール柱が建物の構造を純然たるガラスのプリズムに仕立てている。このプリズムはスチールの脚柱に支えられ、地面から1.5m浮き上がっている。

左：ガラスの壁のおかげで、室内はどこを向いても景色が楽しめる開放的な空間となっている。

下：視界を遮るもののない連続した空間がこの家の最大の魅力。バスルームとキッチンが入った長方形の構造物を別にすれば、屋内には仕切りがまったく存在しない。

右：ファンズワース邸の流れるような室内。生活を感じさせる雑多なものは排除され、日常の煩わしさとは無縁だ。家具も必要最小限に抑えられている。

アメリカ：カリフォルニア州ハリウッドヒルズ　純然たるガラスの邸宅だったミース・ファン・デル・ローエのファンズワース邸やフィリップ・ジョンソンのガラスの家から一歩踏み出した、ピエール・コーニッグのケース・スタディ・ハウスは、洗練されたモダンな住まいに実用性をもたらした最初のデザインである。

アメリカで戦後屈指のモダニズム建築家と称されるピエール・コーニッグは、それまで産業用途のみに適しているとされていた素材を住居に用いることを思いつき、このアイデアに取りつかれた。「そのシンプルさゆえに美しいものと、シンプルなのに醜いものとの違いを業界は学んでこなかった」コーニッグはこのように語ったと伝えられている。

機能的でありながら芸術性に優れた住宅を、きわめてシンプルな工業素材で建設することが、はたして可能なのか。彼がそのことを実証するチャンスを得たのは、ロサンゼルスの南カリフォルニア大学を卒業した4年後の1956年のことである。在学中に小さな鉄骨造りの自邸を試作品として設計・建設したコーニッグは、住宅建築プログラム「ケース・スタディ・ハウス」の2棟の設計を任された。終戦当時、帰還兵の増加による住宅不足が社会問題となっていた。それを解消するべく、「アーツ・アンド・アーキテ

「シンプルで洗練されたガラスとスチールの建築」

上：規格化された建築パーツを自由に組み合わせることで、実用的な住宅が建設できるとコーニッグは考えていた。その確信を実行に移すべく、工場で製造されたパーツを現地で組み立てた「鉄骨の箱」を並べてつくったのがベイリー邸である。

右：工業用サイズの巨大なガラスパネルが、邸宅を囲むプールの水面に映っている。

上：リビングルームに取りつけられた全面ガラスのスライドドア。人が集う多目的テラスに続いている。

クチュア」誌がスポンサーとなって、当時の主だった建築家に呼びかけて実施されたのがこのプログラムである。

リチャード・ノイトラ、クレイグ・エルウッド、エーロ・サーリネン、チャールズ・イームズとレイ・イームズといったそうそうたる顔ぶれとともに、コーニッグは「低コストで大量生産できる機能性に優れた住宅づくり」という難問に挑んだ。その結果、1945-1966年のあいだに36棟の住宅が設計され、ロサンゼルスとサンフランシスコ・ベイエリアに建設された。コーニッグが建てたのはNo.21とNo.22の2棟で、いずれもシンプルで洗練されたガラスとスチールの建築である。これにより、彼は大量供給が可能な工業素材に自然の表情を添えるという、自身のコンセプトを具現化した。

ハリウッドヒルズの平坦な土地に建てられたケース・スタディNo.21（ベイリー邸）は、標準規格の鉄骨を溶接した「鉄骨の箱」で構成される。全面ガラス張りの両サイドが、南北に広がる峡谷の景観を取り込みつつ、このモダンな邸宅の流動的な空間をあらわにする。エントランスは9mのカーポートを通った先にある。そこからすぐに玄関ロビーになり、ロビーからリビングリームへ、リビングからガラスのドアを抜けて南向きの庭園へと、空間が流れるように続いていく。邸宅の西ウィングにある寝室とバスルームは噴水つきの中庭中央に面し、大きなガラスの壁面が、この家を取り囲むいくつものプールの水面に映っている。

ガラスとスチールを住宅建築に取り入れたコーニッグの先見性のあるアプローチは、あまたの著名な建築家にインスピレーションを与え、やがて彼らもコーニッグに倣い、無駄のないシンプルなデザインと建築の効率性を追求していった。彼の影響は20世紀後半から21世紀初頭にかけての、簡素で優美なガラス住宅の多くに見ることができる。

下：2つの寝室とバスルームは西ウィングに設置され、中庭に面している。

オーストラリア：ニューサウスウェールズ州ワルーンガ　ウィーン生まれの建築家ハリー・サイドラーが手がけたこの邸宅は、1948年に設計されて以来、建築界の話題の的になってきた。とはいえ、建物自体は1920年代に高まったバウハウス運動の影響を色濃く映している。ウィーンからアメリカに渡ったサイドラーは、バウハウスの創立者であるヴァルター・グロピウスのもとで建築を学び、同じくバウハウスで教鞭をとっていたヨゼフ・アルバースとマルセル・ブロイヤーからも教えを受けた。卒業と同時にニューヨークを離れてオーストラリアに向かった彼は、そこで最初の仕事となった住宅——ニューサウスウェールズ州ワルーンガの低木林地にある2.6 haの敷地に建てる両親の家——の設計に取りかかる。

「空間と芸術的抽象性と新技術の融合」をめざしたバウハウスのコンセプトを忠実に守るべく、サイドラーは四方の壁をくり抜いて、内と外のつながりを引き出し、目を見張るような長方形のガラスの邸宅をつくりあげた。当時は敷地の隅に家を建てるのが一般的だったが、彼は、敷地の中央に建てることで住宅を周囲の環境に溶け込ませ、自然の景観を室内装飾の主役にするとともに、生活に欠かせないプライバシーを守る遮蔽物としても利用した。

完成した家は、設計者の母親の名にちなんで「ローズ・サイドラー邸」と命名された。くっきりとした彫刻的な美しさをもつこの邸宅は、「芸術と建築の融合」というバウハウスの哲学を見事に体現している。基本デザインは、立方体から下部セクションと中心部を取り除いたもので、重厚な1枚壁は存在しない。ガラスを入れた側面によって、建物はまるで宙に浮かんで

右：ローズ・サイドラー邸の彫刻のようなデザインは、サイドラーが受けたバウハウスの影響を物語っている。

下：流れるように続く室内空間。ニューサウスウェールズ州の歴史的建造物信託財団によってイームズ、サーリネン、ハードイの家具が置かれ、1950年代当時のスタイルが再現されている。

「宙に浮かんで見える家」

いるように見え、ルーバーと傾斜路と石壁だけが、この家を大地につなぎとめている。立方体中央の四角くくり抜かれた部分はサンデッキとなっており、その隣には2階分の採光用吹き抜けが建物を垂直に貫いて、本来ならば薄暗い家の中心部を光で満たしている。

邸宅の室内は、「オープンプランの住まい」という新たなコンセプトの実演場であり、中央のファミリールームが、生活エリアと休息エリアと他のエリアをつなぐ中継地点となっている。この中継地点は境界をカーテンだけで仕切られているため、1つのエリアから別のエリアへと流れるように自由に邸宅内を移動できる。1組のカーテンを閉めれば、どちらかのエリアにファミリールームのスペースが加わり、カーテンを2組とも閉めれば、家の中央に独立した部屋ができあがり、2つの棟が切り離される。

建物の美観を高める機能的な建材としてガラスを用いるなど、数々の新たなコンセプトを住宅建築に導入したローズ・サイドラー邸は、1952年にサー・ジョン・サルマン・メダルを受賞した。

サイドラーの両親は1967年までこの家で暮らしたが、1988年にはニューサウスウェールズ州の歴史的建造物信託財団がこの邸宅を入手した。今では、イームズやサーリネン、ハードイといった戦後の有名デザイナーの家具が置かれ、1950年代スタイルに復元された室内が一般公開されている。

イギリス：サリー州イーストグリンステッド　カリフォルニアのケース・スタディ・ハウスの影響が明らかに見てとれる「スペース・ハウス」は、イギリス建築デザインの古典的作品である。今なお新鮮で近未来的な姿で佇むこの家は、建築家のピーター・フォゴとデイビッド・トーマスによって1963-64年に建てられた。彼らは後に〈アラップ・アソシエイツ〉でさらなる名声を博すことになるが、1960年代前半当時はまだ大学を卒業したばかりで、2人で立ち上げた建築事務所を夜間と週末だけ副業的に営んでいた。

サリー州イーストグリンステッドという、いささか場違いな土地に建つスペース・ハウスは、フォゴとトーマスの名を冠した事務所の仕事として彼らが設計した数少ない建物の1つである。未来型住宅のプロトタイプとされるこの邸宅は、ケース・スタディ・ハウスの影響を反映したガラス張りの鉄骨住宅だ。H型をしたこの住宅の2つの縦長セクションのうち1つは生活空間、もう1つは寝室になっており、両者をつなぐ横長の中央セクションには、キッチンとバスルーム、それにユーティリティルームが備えられている。

床から天井まで届く総ガラス張りのドラマティックな壁が、左右対称のデザインを際立たせ、庭のみずみずしい緑がガラスを通してこぼれるよう

「未来型住宅のプロトタイプ」

左と上：1960年代半ばの作品とは思えないスペース・ハウスの近未来的なデザイン。H型の建物を取り囲む大きなガラス張りの壁面が、あらゆる方向から光を取り込んでいる。

下：〈リー・フィッツジェラルド〉による2004年の改修により、スチールフレームは明るい白に塗り替えられ、モダンで実用的なファミリー住宅に生まれ変わった。

に入ってくる。だが、さらに目を見張るのが、オープンプランの生活セクションだ。リビングとダイニングと書斎が一体化したガラス張りの空間が、ほぼ15mにもわたり流れるように続いていく。

最初の建設から40年以上たった今でも、この邸宅は家族向け住宅として十分に機能している。新しい所有者の依頼で〈リー・フィッツジェラルド〉の建築家が手がけた改修プログラムが功を奏し、この家はさらにモダンな住まいへと巧みにリフォームされた。かつて黒だったスチールフレームは白に塗り替えられ、近未来的な美しさに洗練された趣が添えられた。また、H型構造の2つのボイドの片方に設けられた日光浴用テラスも、この家の魅力の1つになっている。さらに室内の流動性を高めるために、間仕切り壁が何枚か取り払われ、2間だった寝室が1間に統合されて、よりオープンプランの空間が創出された。

建築当初の精神を踏まえた改修プログラムが王立英国建築家協会（RIBA）から評価され、この邸宅——現代イギリス建築に最も影響を与えたガラス住宅の1つ——は、2004年に建築保存賞を受賞した。

右：巨大なガラス窓から光が燦々と降り注ぐ室内。リフォームされた建物内部には、この家の設計者である2人の建築家がかつて思い描いた以上の、オープンプランの空間が広がっている。

イギリス：ロンドン、ウィンブルドン　建築家のリチャード・ロジャースが「間仕切り壁のある透明な地下鉄」と称したこの斬新なガラスの家は、1967年のパリ・ビエンナーレにイギリスの建築作品として出品され、今でも歴史に残るデザインとして知られている。

この家はロジャースの両親の依頼により、大通りを挟んでウィンブルドン公園の向かいにある、緑豊かな細長い土地に建てられた。建物の基本構造は、2つの長方形の建物ユニットから成り、各ユニットはガラス張りの外壁と、同じくガラス張りの屋根で構成される。また、都会にありながら最大限のプライバシーが確保できるよう、この家には行き届いた配慮がなされている。小型のユニット──ベッドやキッチンのついたフラットと陶芸工房がある──を道路側に置いて騒音を緩衝させることで、母屋となるユニットには都会の喧騒が届かない設計だ。どちらのユニットからでも見渡せる奥まった中庭は、心なごむオアシスとなっている。

邸宅の鉄骨は自由に解体でき、室内の間仕切り壁も可動式である。ガラスで覆われた2つの建物の室内には、門状の溶接スチールフレームが計8本設置されており、邸宅に優美な趣を添えるとともに、金属とガラスの接合

上：親の依頼で建築家のロジャースが1962年に設計したガラスの邸宅。塗装された鉄骨にガラス張りの屋根、特大サイズの二重ガラスで囲まれた建物ユニットなどがデザインの特徴となっている。

「斬新なデザインとモダンリビングの融合」

を補強してメンテナンスの負担を軽減するという、実用的な目的も果たしている。

ドクター・ロジャース邸が設計されたのは1960年代だが、そのデザインにおいては、ピーター・コーニッグが1940年代に手がけたケース・スタディ・ハウスの洗練された美と明快な機能性が参照された。ゆえに無機的な鉄骨構造がガラス越しに見えるのは、手抜きというよりも鑑賞用ディスプレイとしての演出であり、オープンプランのデザインが機能的でありながら心地よい雰囲気を醸している。つまりこの邸宅は、斬新なデザインコンセプトにもとづく初期ガラス住宅から、20世紀後半から21世紀初頭にかけてのモダンリビングに適した美しく実用的な癒しの邸宅へと、ガラスの家が姿を変えていく過渡期にあたる作品といえる。

左：室内空間を占める緑あふれる庭の眺め。都会の喧騒がうそのようだ。

上：ガラス張りの2つの長方形ユニットで構成されるドクター・ロジャース邸。中庭を挟むように建てることで、プライバシーを最大限確保できるよう設計されている。

著名な現代建築家マルシオ・コーガンが設計したブラジル・サンパウロの美しい邸宅は、ガラスと高度な工学技術とを融合させることにより、環境に溶け込む開放的な住まいをつくり上げた代表例。インドアとアウトドアが一体化した、あこがれのライフスタイルを実現している。

2 内と外が一体になった暮らし

景観とのつながりを重視する思想から生まれたアジアの建築には、内と外が一体化した建物の長く素晴らしい伝統がある。20世紀初頭の偉大な革新者、フランク・ロイド・ライトはみずからが受けた影響について語ることはあまりなかったが、一般的に、彼は日本建築から霊感を得たとされている。その最たる例が、北カリフォルニアに建つ、かの有名な「プレーリー・スタイル」の住宅群だ。これらの建築デザインは、アメリカ建築の胎動を伝える作品とひろくみなされ、それゆえに世界中の現代建築デザインに大きな影響を与えてきた。

典型的なプレーリー・ハウスは背が低く横長の外観で、概して自由なオープンプランの室内になっている。ライトの住宅の特徴は窓を多用するデザインであり、多くの場合、窓を幾重にも並べ、時には何枚ものガラスを組み合わせてガラス細工のような壁が創出される。住宅建築にガラスを取り入れることを提唱したライトは、建物に大きな窓をいくつも取りつけることで、建物内外の親密な相互作用が生まれることに気づいた。この相互作用は、「有機的建築」という新たなスタイルへの彼の情熱に呼応するものであり、そうしたスタイルの中で、建物はあたかもその無機的な姿からひとりでに進化していくように見える。実際に1928年に書いた論文の中で、ライトはガラスを湖や川や池といった、自然の鏡に見立てている。

ライトのプレーリー・スタイルは、戦後アメリカの郊外に建てられた建築物の多くのルーツとなり、20世紀半ばまでには、アメリカのみならずカナダ、オーストラリア、ニュージーランド、南米で今日でも見ることのできるカジュアルな新世界式平屋建て住宅にその様式が取り入れられていった。一方、ガラスの製造技術の進歩により、強度が高く、巨大な板ガラスの製造が可能になった。大きな強化ガラスはドラマティックな景観を取り込み、外部環境に向けて住宅を開放する無限の可能性を提供し、室内外がよどみなく流れる連続した空間を創出する。フランク・ロイド・ライトが有機的な建築スタイルの理念を初めて提唱してから1世紀がたった現在、建物内外の境界をあいまいにすることが、世界各地でガラス住宅を手がける建築家や施主の最大の関心事となっている。

「南カリフォルニアの暮らしを満喫できる家」

アメリカ：カリフォルニア州パシフィック・パリセイズ　幾何学的な面白さがあるこのガラスの邸宅は、サンタモニカに拠点を置く建築家スティーブン・H・カナーが、パシフィック・パリセイズの明るい日差しと清々しい風を生かして建てた自邸である。

「511ハウスはまさに南カリフォルニアの暮らしを満喫できる家です」とカナーは語る。「設計の前に自問しました、『ありふれた敷地を広く開放的に見せるには、土地をどう活用すればいいのか？』と」そうして生まれたのが、どこにでもあるような今風のファサードをもつ家ではない、ライフスタイル重視の邸宅だった。

511ハウスに見られるモダニズム的美学には、リチャード・ノイトラやチャールズ＆レイ・イームズが設計した近隣の建物からの影響が反映されている。だが、建築家がガラスを多用したのは、芸術性と実用性を同時に追求したからである。テニスコートほどの細長い狭小地に住宅を建てる場合、設計された家は、概して暗くて陰気なものになりがちだ。しかしカナーは、家屋を敷地いっぱいに建てて外部空間を最大限に活用するとともに、きらめくガラスをデザインにふんだんに取り入れることで、この土地の限られた広さを克服した。「広々とした窓ガラスが自然光を貪欲に集めて、澄み切った空を室内に取り込んでくれます」とカナー。「それに、開閉可能な大窓から風が通り抜けて、室温を穏やかに下げてくれるのです」

1階にある2組のガラス張りスライドドア（2.4×2.4mと2.4×2.5m）を

左：511ハウスのユニークなデザインには、建材としてのガラスの特性が見事に生かされている。

下：幾何学的に構成された室内空間。光沢のある床と白塗りの壁、クリスタルのように透き通ったガラスできらめいている。

上と右上：いくつもの窓ガラスがあらゆる高さからこの家を照らしている。右上は、舷窓を模した丸いバスミラー。

右：メインリビングのスライドドアを開けば、室内がプライベートガーデンに向かって開かれ、涼しい海風が部屋の中にそよいでくる。

開けると、建物の内と外が交流し、子どもたちの遊び場でもあるテラスや水の彫刻のついたプライベートガーデンと家屋とがつながって、開放的な空間ができあがる。「庭のデザインが重要でした。プライベートな空間づくりのポイントになりますから」とカナーは振り返る。

2階の窓の広がりと斜めにせり出した外観が、この家のトレードマークであると同時に、周囲の景観を楽しめるユニークな展望台にもなっている。オープンな家ではあるが、その一方で居住者のプライバシーを守るために、敷地はシーダー材の横木フェンスと、真竹や黒竹やイチジクの生け垣できちんと目隠しされている。

「私の家族にとって大切なのは、自然を取り入れた空間と室内とがつながることでした。大きなガラスのスライドドアがすっと開いて姿を消すと──内と外の境界も消えて──南カリフォルニアのさわやかな潮風の通り道ができるのです」

Van Gogh

アメリカ：カリフォルニア州モンテシト　「カリフォルニアの“モダニズム”では、家屋と土地との結びつきが大きなポイントとなります。そうした点で、ヨーロッパの“モダニズム”とはかなり違いますね」建築家のバートン・マイヤーズはこのように語る。「特にカリフォルニアは気候が温暖なこともあり、建物の内と外との関係には、明らかに日本建築の影響が見られます」

このことは自邸を設計する際に、マイヤーズの頭に真っ先に浮かんだにちがいない。カリフォルニア州モンテシトの山紫水明の地が、トロ・キャニオンの邸宅の建設予定地だった。「海と島と山々が眺望できる土地。この地の利を生かして景観を屋内に取り込むには、ガラスを使うしかないと思いました」

邸宅自体は、工業建築物をヒントにデザインされた──風景の輪郭に陰影をつけるように3段のテラスが傾斜地に造成され、スチールとコンクリートでできた4つのロフトビルディングがテラス上に次々と建てられた。ロフトビルディングはいずれもむき出しの鉄骨と鋼製デッキフレーム、コンクリートの擁壁と床で構成される。ガレージとゲストハウスは最下部のテラスに、母屋はその上に、書庫は最上部のテラスに設置された。マイヤーズはこう解説する。「土地に手を加える場合でも、なるべく細かく分散させて手を加えるように敷地計画を練りました。おかげで自然の景観が保たれ、それを生かすことができたのです」

「景観を取り込むガラス」

上：どのパビリオンも、ガレージスタイルのガラス張りのドアとむき出しの鉄骨、そしてコンクリートの床に囲まれた、広くて開放的な空間になっている。

上：邸宅を取り巻く、多肉植物を植えた節水型ガーデニング。天然の防火帯として機能するこの庭は、広々とした窓から鑑賞できる。

右：バートン・マイヤーが手がけた初期の邸宅の流れをくみ、イームズ作品を彷彿とさせる「エレガントな倉庫」。トロ・キャニオンの邸宅は、海と峡谷の絶景を望むこの土地に向かってつねに開かれている。

上：工業建築物をヒントにデザインされた邸宅。谷の斜面に造成された3段テラスに連続して建つ、4つのロフトビルディングで構成される。

右：巨大なガラスのドアが巻き上げられて天井のボックス内に収まると、邸宅内部が周囲の景観にさらされる。

トロ・キャニオンのデザインは、見る者に簡素で禁欲的なイメージを与えるが、ガラス張りの巨大なオーバースライドドアを巧みに使用したことにより、建物にかなりソフトな表情が加わった。このアルミニウム製のドアは巻き上げられて天井のボックスに完全に収まるので、建物は景観に向かって大きく開かれる。「このオーバースライドドアのおかげで、建物の内と外が、まるで魔法のように1つになります」とマイヤー。「まさに、動くカーテンウォールですね」

高さ4.5m×幅5.5mのガラスドアは、予想に反して、この建物で最も高価なガラスのパーツというわけではない——母屋にはさらに高価な、高さ3.7m×幅2mのスライドドアがついている。この巨大なスライドドアは、スライドさせても安全だとメーカーが保証できる範囲で最大級のものだ。この家には他にも、北の山側に採光窓があり、光を取り込みつつ、さわやかな海風をも迎え入れる。マイヤー邸の壁面に広がるガラスは、州の厳しいエネルギー規定を満たすために、どれもペアガラスになっており、さらに巻き上げ式防火シャッターによって、カリフォルニアの悪名高い山火事からも守られている。この亜鉛メッキ鋼シャッターは、谷の斜面に建つ斬新なガラス邸宅の「第2の外壁」となっている。

ブラジル：リオデジャネイロ州　ブラジルの建築家、オスカー・ニーマイヤーは、鉄筋コンクリートを建築に取り入れたパイオニアとして尊敬を集めている。だが、リオデジャネイロ郊外に建つこの邸宅を見れば、建材としてのガラスのユニークな特性を彼が熟知していたことが分かる。

ニーマイヤーがプリツカー賞を受賞する3年前の1985年に、テレゾポリス近郊に建てられたこの自邸は、モダニズム的デザインへの彼の軽快なアプローチを示す好例である。いかにもニーマイヤーらしい、白くて簡素なコンクリートが、邸宅の幾何学的なフォルムをくっきりと浮かび上がらせる。通りから見て真っ先に目に入るのが、このコンクリートのめくら壁だ。とはいえ、建物の裏手は、表とはまったく異なり、はるかに温かみのある表情で訪れる人を迎え入れる。壁一面に広がるきらめくガラスが、光と緑豊かなプライベートガーデンに向けてリビングエリアを開放する。そこでは、建物の明瞭な輪郭を模したL字型プールがゆったりと広がり、その鏡のような水面と、輝くガラス窓とが光を反射し合っている。

窓枠のほとんどない1枚ガラスが2層吹き抜けの壁にはめ込まれ、上下階に光を取り込む。その一方で、窓の上から大きく張り出した庇《ひさし》が強い日差しから内部空間を守り、建物の角張ったデザインをさらに際立たせている。

室内には、ニーマイヤーのトレードマークでもある「流れる感覚」——彼が手がけた数々の企業ビルや商業ビル、そして有名な公共の建物にも現れている感覚——が随所に生かされている。1階のダイニングエリアは、グリーンの色ガラスのモチーフをちりばめた壁で仕切られ、天井の高いリビングスペースとへと直接続いていく。このリビングのアトリウムから光と緑が家の中心部に届けられる。

彫刻のように芸術的なフォルムをもつ階段を上って階上に出ると、そこはゆったりとしつらえられた主寝室。大きな張り出し窓がちょっとした憩いの空間——庭を見下ろしながら紫煙をくゆらせるという、内と外の雰囲気を同時に味わえるベランダ——になっている。

「モダニズム的デザインへの軽快なアプローチ」

上：ニーマイヤー邸のすっきりとしたL字型のフォルム。プールも合わせ鏡のようにL字型につくられている。

左：室内でも主役はガラス。装飾的なガラスの衝立を置くだけで、オープンプランのリビングスペースにダイニングエリアができあがる。リビングスペースは、この土地に自生する草木を植えた細長いアトリウムで区切られている（右）。

上：ミニマルなデザインで統一された室内。

右：光り輝く透明な建物をめざしてコーガンが設計したガマ・イッサの家は、総ガラスのスライドドアのおかげで、外部に向かって完全に開かれる「白い箱」となっている。

ブラジル：サンパウロ市　「マルシオ・コーガンは光と透明感を追い求めてきました。そのあくなき探求は、彼が手がけたどのプロジェクトにも見られます。『ガマ・イッサの家』にガラスを使うことも、そうした試みの一環でした」ブラジル建築界の異端児、マルシオ・コーガンがサンパウロに開いた建築事務所に所属するレナタ・フルラネットは、このように解説する。

実をいうと、施主はブラジル最大の国際都市に邸宅を新築するにあたり、これほどドラマティックなガラス張りの家を特に指定したわけではなかった。巨大な書棚のある2層吹き抜けのリビングルームと、庭に向かって開かれた大きな窓のある家。それが彼らの希望だった。コーガンによると、施主は「これまでとは違った形で屋外と対話する、並はずれてエレガントなプロポーションの空間」を求めていたそうだ。

こうして2001年に竣工したのが、全壁ガラス張りのすっきりとした白い長方形の邸宅だ。部屋に居ながらにして見渡せる細長いプール（3×30m）の鏡のような水面に、この家の幾何学的なフォルムが影を落としている。「すべてを包み込む1塊の巨大なボリューム。つまり、白い箱をイメージした」とコーガンは説明する。

とはいえ、この箱を開けるのは造作ない。リビングエリアとプライベートガーデンを仕切るガラス面の3分の2以上がスライド式になっているため、室内が外部に向かってほぼ完全に開かれる。ガラス面は6つの巨大なパネルで構成され、中央の4つのパネルには床との接触面に滑車がついてい

る。この床の滑車と、天井に組み込まれた装置によって、4つのパネルは難なくきっちり収納できる。

吹き抜けのリビングエリアという施主の希望も実現し、白で統一されたミニマルな室内は、屋内外が連続する明るく洗練された空間を生み出している。リビングの隣はキッチンとダイニングエリアで、鮮やかなオレンジ色のカウンターが家族のダイニングテーブルとして機能する。カウンターの片側だけに並べた椅子に座れば、大きな窓越しにサンパウロのユニークな植栽を眺めることができる。

「並はずれてエレガントなプロポーションの空間」

左：ガラスパネルがなめらかにスライドすると、2層吹き抜けのリビングスペースが外部空間にさらされる。

上と左：鮮やかなオレンジ色のカウンターのある家族用ダイニングエリア。巨大なガラス窓越しに庭を眺めるには最適な空間だ。

イギリス：ロンドン、ピーターシャム　一般的にガラスの住宅は、周囲の景観に溶け込むように設計される。だが、2002年にロンドン南西部のピーターシャムに建てられたこの住宅群には、外からは完全に見えないプライベートな環境を生み出す工夫が凝らされている。

「ここは、3つの中庭がある都会の戸建て住宅団地です。外部から隔絶された専用庭を、各邸宅から眺めることができます」この土地の開発を手がけた建築事務所〈ファレルズ〉のマイク・ストーウェルが解説する。建物の配置は確かに「内省的」だ。各住宅は、この土地になじんだ植栽や高いフェンスで四方を囲まれ、折れ曲がった50mの進入路のおかげで――地元の都市計画当局が規定したとおり――どの家も、すぐそばの大通りからはほとんど見えなくなっている。

都市計画当局が「外から見えない団地」の建設を強く求めたことから、

「内省的な住宅団地」

左上：ピーターシャムのガラスの邸宅。各住戸には専用庭がついており、すぐそばの大通りからは完全に見えなくなっている。

右上：建物上部に取りつけられたルーバーが日差しを和らげてくれる。

左：部屋を直線的に並べた配置がギャラリーのような雰囲気を醸している。

左と下：トップライトのおかげで、内部空間は明るく広々としている。

〈ファレルズ〉は各住戸の部屋を直線的に配置した。各戸のダイニングルーム、キッチン、書斎、寝室は、すべて吹き抜けの通路から出入りするようになっている。この通路の壁は隣家との境界壁の機能を果たしおり、さらにプライベートな住宅づくりにも一役買っている。「ガラスは、バルコニーの手すりや主要階段の壁、通路に面したメインバスルームの透明な壁など、もっぱら住宅の内側に使われています」とストーウェル。「各住戸の端から端まで走るメイン通路のスペースにはトップライトがついているため、家中に光があふれています。それに、この天窓と総ガラスの壁は開閉式なので、夏には風通しを良くすることも可能です」

各戸には、リビングスペースを内蔵した素敵なガラス張りのパビリオンがついている。このリビングは通路を介して他の部屋とつながっており、総ガラスのスライドドアを通れば、リビングから庭に直接出ることもできる。どのパビリオンも、この家の他の部分に遮られて外部から見えないよう巧みに設計されているため、建築家はパビリオンの天井高を若干高くすることができた。

「パビリオンにはその東西に、総ガラスのスライド式の壁がついています」ストーウェルの解説が続く。「さらに、メインリビングと寝室はすべて南向きになっていて、ガラス張りの壁をスライドさせると専用庭とつながり、内と外が一体化した住空間が生み出されます」

上：メインリビングは、天井の高いガラスのパビリオンに内蔵されている。このパビリオンは通りから見えない設計になっているため、当局から建築許可が下りた。

アメリカ：カリフォルニア州マリブ　「ここに住む人はガラス張りの大きなファサードのおかげで、景観と溶け合うという感覚、目障りな構造壁で隔てられることなく、大自然の中で生きているという感覚を味わうことができます」小山の連なるカリフォルニア州マリブの峡谷の先端に建つ、立方体の壮麗なガラス住宅「シンパティコ・セム」を設計した建築家のスティーブン・H・カナーはこのように語る。

この家は2004年に、ある歯科医の依頼で建てられた。施主が以前に住んでいた家――同じ場所に建っていた――は、10年前にマリブを襲った大火事で焼失した。ゆえに今回の新築では、耐火性を考慮した設計にすることが重要だった。以上の要件と、大自然の峡谷美に引けを取らないシンプルなデザインを望む施主の声により、無駄な装飾を排した簡素なスタイルが完成した。

この邸宅は基本的に、1列に並べた2つのガラスの箱を、ガラス張りの階段でつないだ構造をしており、巨大な窓からは、近くの山並みと遠くの海の雄大な眺めが一望できる。また、水やりの必要がない自生種を植えた節水型庭園が、住まいと景観につながりをもたせつつ、重要な防火帯の役目も果たしている。庭園は邸宅を囲むように広がり、大きなガラス窓から眺めることができる。

「窓ガラスのおかげで、峡谷を下って大海原へと続く絶景が見渡せます」とカナー。「それに、自然光をたっぷり取り込むこともできます」窓は、上から突き出た構造物で守られているためティント加工をする必要はなく、立地も海風が吹き抜ける申し分のないものだった。また建物の幅は8mしかなく、その横長のフォルムのおかげで、峡谷や山並みのパノラマのような景色が楽しめる。特に1階の主寝室からの眺めは筆舌に尽くしがたい。

1階の南端にキッチンとガレージ、北側にリビングルームと書斎がある。その開口部には巨大なペアガラスがはめ込まれ、絶景が間近に感じられると同時に、天候の変わりやすいカリフォルニアにありながら、その影響が内部に及ばないようになっている。つまりこの邸宅は、自然を愛でつつも自然に左右されない、凛とした家なのだ。

「大自然の中で生きている」

左：峡谷斜面の狭い敷地に建つシンパティコ・セム。カナーが設計したこの邸宅の基本構造は、2つのガラスの箱をガラス張りの階段でつないだもの。

右：4つの寝室をもつこの邸宅は幅が8mしかない。西側正面のペアガラスの大窓には庇がついているため、ティント加工が不要になっている。

SOL LEWITT A RETROSPECTIVE
DESIGN
MARK ROTHKO

左：2層吹き抜けになっているガラス張りのリビングスペースからは、海と峡谷の絶景が見下ろせる。

右：木とスチールでできたオープンステップの優美な階段。ガラスの壁が明るい日差しを取り込んでいる

上：2階にある総大理石の広いバスルームにも、ガラスがふんだんに使われている。

右：主寝室からデッキテラスに出るだけで、そこはもう大自然。

イギリス：ロンドン、ハムステッド　「内と外の区別をなるべくあいまいにした建物を建てること、それがわれわれの狙いでした」大家族をもつ施主の依頼で、2004年にロンドン北部のハムステッドに建てた7つの寝室のある大邸宅について、〈ベルサイズ・アーキテクツ〉のシャリアー・ネイサーはこのように語る。

この家の建設予定地は、ヒース周辺環境保全地域内の狭い土地だった。ゆえに地元の都市計画当局から、新築住宅が周囲の景観や町並みを乱すことのないようにとの指導があった。その解決策がガラスの多用である。ガラスをふんだんに使うことで、「光あふれるなごやかな家族住宅」という施主の要望を満たしつつ、ロケーションに溶け込み、なおかつ現代感覚をさりげなく取り入れた設計が可能になった。

「階段状のガラスのアトリウムを設計することで、建物の中心に光を届け、人が集まるセンタースペースをつくりました」とネイサーが解説する。この家のユニークな特徴は、3層のガラスのアトリウムが、邸宅中央に「階段状」に配置されている点だ。修道院の独居房のような部屋が、アトリウムのセクションを取り巻くU字型の建物にいくつも組み込まれ、これらが居住施設を構成している。おかげでこの家では、思索の場や自分の世界に浸る場所、休息や睡眠の場が家の中心部にあるという、大きな家にありがちなパターンに陥ることなく、どの部屋も快適でくつろげる小ぢんまりした空間となっている。アトリウムは、梯子梁をわたしたスチール部材に、ペアガラスの建築ユニットを取りつけた構造をしており、ここから光が燦々と降り注ぐ。さらにスチールとガラスでできた美しいメイン階段が、アニール処理ガラスを積層した特殊ガラスで構成されるセンタースペースを創出している。

こうした特徴が、このガラス邸宅をより開放的で透明感のある空間につくりあげている。アトリウムのエントランスからは、その上に連なる建物の3層構造が透けて見え、1階の床にはめ込まれた巨大な厚板ガラスが、さらに下の地階へと人目を引きつける。ガラス張りの床に立って足元に視線を向けると、そこにはガラスの透明なきらめきが、地階のプールの透き通るような美しさの中に映し出されている。

左：ロンドン北部の街ハムステッドに建つ邸宅の正面。いかにも郊外らしい景観に溶け込んでいる。

右：スチールとガラスでできた階段が、目を見張るような3層アトリウムのポイントとなるセンタースペースを生み出している。アトリウムには最先端の特殊ガラスが使われているので、天候の変化にかかわりなく室温が一定に保たれる。

「建物の中心に光を届ける」

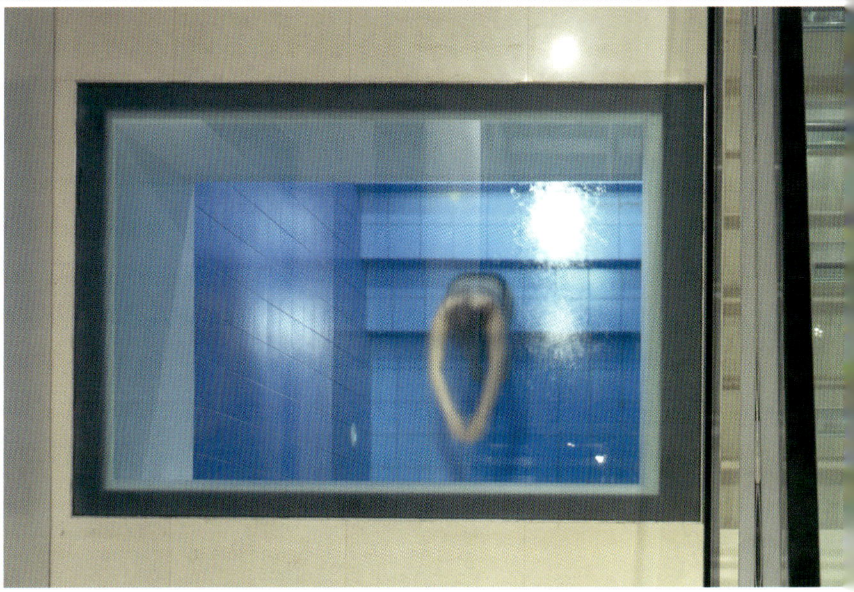

左：建物中央を占める見事なガラス張りのセクションは、光と人が集まる暮らしの中心となっている。この家のガラスの壁はどれも開閉可能なため、晴れた日には、室内と庭園のどちらからでも地階のプールにアクセスできる。「インドアとアウトドアの融合」というテーマをさらに発展させた形といえる。

上：プールの壁と天井にはめ込まれた窓ガラス越しに見える水のきらめきが、インテリアに彩りを添えると同時に、外観のアクセントにもなっている。

ニュージーランド：オークランド、ワイテマタ・ハーバー　オークランドの緑豊かな郊外に建つL字型のユニークなこの邸宅は、ニュージーランドのセレブな一家がパーティーを開くための、究極の家として建てられた。

「室内から屋外へと流れるように連続する空間づくりが、この家を設計するうえでとても重要でした。内外が一体化した、おもてなしの空間としてここを使うことが、施主の強い要望でしたから」この邸宅を設計した建築家のダニエル・マーシャルが語る。「この家はブリーフ（建築企画書）の要件をまちがいなく満たしています——2001年の竣工以来、ここでさまざまなパーティーが幾度となく開かれてきました」

中庭を囲むように配された建物の中央（“L”字型の内角部分）にはガラス張りのパーティーエリア兼リビングスペースが置かれ、その両サイドの“羽根”の部分は、この堅牢な邸宅の主要建築でもある石張りのプレキャストコンクリートの建物になっている。このガラスの中央セクションの1階には、巨大なガラスのスライドドアがついており、サイドにスライドさせると、壁の隙間にすっぽり収まる設計になっている。この設計のおかげで、中央セクションは中庭のテラスと水景設備に向かって完全に開かれる。

「内外が一体化した、おもてなしの空間」

左：L字型の邸宅の内角部分に取りつけられた総ガラスのドア。中庭とプールに面したこのドアを開けば、視線は中庭から、敷地の果てに広がるオークランド、ワイテマタ・ハーバーの水辺の景色へと誘《いざな》われていく。

右：施主の要望により、邸宅の主要部分（L字型の両サイドの“羽根”の部分）は石張りのプレキャストコンクリートでできている。きらめくガラスの中央セクションが人の集まるパブリックスペースなのに対し、“羽根”の部分は、プライベートスペースとなっている。

HELMUT NEWTON

「L字型の内角部分につけられたガラスのドアをスライドさせると、そのエリアが開放的な空間になります」とマーシャルが説明する。「これは、外のテラスを斜めに横切る空間の流れをつくるための重要な仕掛けといえます。このガラスは、中庭のエントランスから2層吹き抜けのメインリビングへと走る対角線軸に沿って、この邸宅の一枚岩のようなプレキャストコンクリートの構造物を二分するのです」

つややかな輝きを放つガラスは、邸宅の他のエリアを構成する石とコンクリートのごつごつした建物と、絶妙なコントラストを生み出す。さらにこのガラスは、邸宅をパブリックとプライベートの2つのスペース——寝室とバスルームはコンクリートウィング、来客を迎えるおもてなしの空間は中央のガラスエリアにそれぞれ入っている——に分ける役目も果たしている。

「エントランスの開放感が、この家のパブリックスペースをさらにひき立てています。滝の後ろの隠れたスペースの魅力。それを再現するのが狙いでした」とマーシャルが語る。「エントランスからテラスの水景設備へ、そしてガラスタイル張りのプールを横切って、アークランドのワイテマタ・ハーバーの水辺へと、視線を対角線上にさりげなく誘導する効果が、このガラスにはあるのです」

左：巨大なガラスのスライドドア越しに見える庭の眺め。絵のようなその風景は、中間色でしつらえられたリビングスペースの唯一の「アート作品」となっている。

上：自然素材を使ったバスルーム。周囲の景観と調和している。

右上：白で統一されたシンプルなキッチン。ガラスのドアを開ければ、人が集う屋外エリアと完全に一体になる。

「高くそびえる展望台」

左：屋上の人目を引く展望台は、おそらく船乗りの見張り台に見立てているのだろう。ガラスブロックをはめ込むことで、この集合住宅の他のエリアとのデザイン的な調和を図っている。

右：総ガラスの壁が、川の景色の広がる室内空間を生み出している。

イギリス：ロンドン、ハマースミス　このロンドンのペントハウスが、遠洋定期船のデッキを彷彿させるのはただの偶然ではない。実際に、〈リチャード・ロジャース・パートナーシップ〉の建築家ジョン・ヤングが、1986年に自分のために設計したこの高級アパートには、「デッキ・ハウス」という名がつけられ、船を愛するヤングの趣味がデザインの随所にちりばめられている。

ロンドン西部ハマースミスのリバーサイドに建つ3棟のテムズ・リーチ集合住宅。その1棟の最上階を占有しているのがこのペントハウスだ。ヤングは、川の景色が一望できる素晴らしいロケーションを最大限に生かした。床から天井まで届く格子ガラスのおかげで、2層吹き抜けのリビングエリアの壁一面に水辺の景色が広がり、それがこのアパートのインテリアを特徴づけている。

広々としたチーク材の床、無数の配線、中空のスチール支柱。このアパートは精巧につくられたヨットの特徴をすべて備えている。リビングエリアの上に設けられた吊り寝台（階段からアクセスできる）からの見晴らしは素晴らしく、優秀な船乗りが天候や水の状態を昼夜問わず、抜かりなくチェックするには最適な場所である。

このアパートにはリビングエリアと、キッチンとゲストルームのある別のエリアの2つのエリアがある。日常のこまごましたもの——夢の船内に持ち込みたくないもの——は、つや出しされたスチールの巨大な保管庫に収納されているため、キッチンとゲストルームのエリアは余計なものが一切ない、すっきりとした空間になっている。

階上はこのアパートの「デッキ」——集合住宅の屋上——となっており、船の手すりを模した金属レールがデッキを2つのテラスに区切り、さらにはペントハウス最大の呼び物でもある独創的な構造物をも取り巻いている。アパートの中からも出入りが可能だが、それ自体が独立した建物となっているこの構造物の正体は、屋上にそびえ立つ「バスルーム」である。ガラスブロックをはめ込んだ鉄骨構造と透明なガラスの屋根をもつこの建物は、バスルームとしては一風変わっていて——むしろテムズ川を見下ろす展望台、もしくは船乗りの見張り台に近いのかもしれない。

左：チーク材の床や船の内装のディテール、中空のスチール支柱など、船のテーマが室内にも反映されている。

下：リビングの上に設けられた吊り寝台へは、オープンステップの階段からアクセスできる。

その下：19世紀の埠頭や桟橋から着想を得てつくられたペントハウスの屋上。

次の2ページ：アパートの屋上にあるガラスブロックの「展望台」には、ステンレスの設備がミニマルに配された印象的なバスルームが入っている。

左：ケント州ディールの崖上に建つ白漆喰とガラスの「モダニズムの箱」。海岸通りに点在する山荘風の建物の中でひときわ異彩を放っている。

「メリハリのある彫刻のようなモダニズムの箱」

イギリス：ケント州ディール　ざらついた漆喰壁とガラスで囲まれた、どこか無機的な箱形の家は、ケント州の海辺の町ディールに点在する1930年代の山荘風の住宅とはいくぶん対照的な佇まいをしている。この邸宅がひときわ目立つのは、この辺りで唯一のモダンな住宅だからでもあるが、それだけではない。この家は上下のフロアが、通常とは逆にデザインされているのだ。

「素晴らしい海の景色と、傾斜地という立地条件を最大限に生かすことが、ブリーフの最優先事項でした」この家の設計を担当した建築家のリン・デイビスが説明する。「高みから望むほど眺めが良くなります。だから最初に決めたのが、寝室を下の階にして、リビングを上階に設けることでした」

さらにリンは、この土地の傾斜を利用して、施主夫妻――イタリア現代家具のデザインプロダクトメーカー〈アルペール〉の創業家出身のマウロ・フェルトリンと、そのディール支社を夫とともに運営する妻のジョー・ラドクリフ――が住みやすい家を設計した。

背の高い家だが、間取りは非常に使い勝手のいい設計だ。地上階には玄関ドアが2つ――汚れた衣服や履物を脱ぐ「マッド」ルームに通じるドアと、玄関ホールに通じるドア――ついており、玄関ホールは、傾斜のなだらかな階段へと続いている。この階段は建物中央にある採光用吹き抜けを取り巻くように、いくつかの踊り場を経て細切れに伸びている。階段を下りていくと、4つの寝室とファミリーバスルームがあり、短い階段を上っていくと、ユーティリティルームとプライベートテラスのあるフロアに出る。さらにそのフロアから短い階段を上ると、上階のフロアを占める眺めの良いリビングスペースが広がっている。この家族のオープンプランのリビングスペース――乱平面の巨大な吹き抜けのガラスの箱――を、総ガラスの窓とドアの向こうに広がる180度のパノラマのような海の景色が圧倒する。キッチンとバスルームは上段に設けられ、下段のスペースからは巨大なガラスドアを通って、広々としたイロコ材のデッキバルコニーに出ることができる。バルコニーの片側には、潮風をよけつつ景色とのつながりを維持するために、ガラスのブロック塀が設けられている。

「すっきりとメリハリのある彫刻のようなモダニズムの箱というのが、施主の希望するイメージでした」とデイビス。「敷地の制約によってフォルムの大半が決まりました。それでも、吹き抜けの立方体群が敷地の南側に落とす揺らめく影や、階段を包み込む空気のリズムが、この家に独特の存在感を与えています」

上：光あふれる階段へと続く正面玄関。

左：海の眺望が、段差のあるリビングスペースの特徴をよく表わしている。床のオーク材をはじめ、この家の建材の多くはイタリアで厳選した素材を直輸入したもの。室内の研磨したプラスター壁が、外壁の粗い漆喰と調和している。

左下と右下：1階のバスルームと寝室からは、崖の景色が違った角度で眺められる。バスルームには、イタリアから取り寄せたクリーム色のタイルを張り、バスタブに寝そべって星空を見上げるためにトップライトを取りつけた。寝室は「無機的な雰囲気にしたい」との施主の希望で、飾り気のないシンプルなデザインになっている。

右：上段のダイニングエリアからは海の景色が俯瞰できる。

カナダ：トロント　シンプルな白壁と急勾配の屋根をもつこの邸宅は、正面から見ると、トロント郊外の閑静な通りに建つ、ありふれた家族向け住宅に見える。だが、その控えめなファサードの裏手にまわると、カナダの原野のただ中に建物のメインスペースが位置しているのが分かる。この長い敷地の奥は、鬱蒼とした峡谷の緑で覆われている。

だが、驚くのはこれだけではない。実のところこの邸宅は、一軒家というよりも、小さな家屋の連なりだ。家屋が寄り集まって、建物正面の郊外らしい風景から、建物奥の大自然の景観へと伸びる連続したエリアを形成している。

「邸宅は奥にいくにつれて、原野へと徐々に開かれていきます」建築家のセス・スタインはこのように解説する。2000年に彼が設計したこの邸宅は、3つの中庭をはさんで連結する2つの白い立方体で構成される。

2つの立方体には小さな家屋が4つ入っており、この家屋は、家族の斬新な寝室となっている。立方体をつなぐのは、きらめくサンドブラスト・ガラスでできた、目を見張るような2層吹き抜けのリビングスペースだ。

「光を取り込む容器をイメージして、この家をつくりました」とスタイン。「半透明のガラスで囲むことで、光を家の隅々まで効果的に届けることができます。夜になると、まるで明かりのともったランタンのように、この部分が光を放つのです」

この家の設計でとりわけ独創的なのが、リビングスペースに差し込む光の量を、ガラスルーフの下についたアルミのルーバーで調整できる点だ。このルーバーは電動式で、峡谷側の建物を上から5m覆っているため、室内の雰囲気にドラマティックな効果を与えている。

「このルーバーは樹冠のような働きをします」とスタインが解説する。「ルーバーが森とつながり、屋内を戸外に結びつけます。ルーバーのおかげで内と外の境界が消え、リビングに居ながらにして、森の中でくつろいでいる気分が味わえるのです」

「原野に向かって開かれる邸宅」

右：カナダ郊外に建つこの邸宅はガラスの箱の連なりであり、裏手には峡谷が広がっている。

左：リビングエリアは全面ガラス張りだが、電動ルーバーで強い日差しから守られ、木陰にいるような気分が味わえる。

左：簡素なリビングスペースの大半を占めるのは、大きな窓の外に広がる自然林の風景。

右：外観の幾何学的でシンプルなデザインは、長方形に伸びた階段や四角い柱など、内装にも反映されている。

アメリカ：カリフォルニア州ベル・エア　「デザインにガラスを多用したのは、透明感と光を生み出すためだけではありません」〈SPFアーキテクツ〉の建築家、ゾルタン・E・パリが説明する。「ここではガラスが主役なのです」

建物の内と外につながりをもたせたミニマルな美しさのある家を、カリフォルニア州ベル・エアの急峻な渓谷の縁にある細長い土地に建ててほしいというのが、デザイナーでもある施主のたっての希望だった。だが、それには克服すべき難問がいくつかあった。建築前の地盤調査の結果、地下27mまでコンクリート摩擦杭を打ち込んで傾斜45度の渓谷斜面を補強しないかぎり、この土地は宅地に適さないことが判明した。また、丘の斜面に関する地元の土地開発ガイドラインでは、設計上のオプションが厳しく制限されていた。

上：施主が希望した「ミニマルな美しさ」を体現するようにデザインされたファサード。白漆喰の壁に、白いフレームのついた全面ガラスの窓が帯状に連なる。

左と右：分割された邸宅の2つのセクションは、ガラス張りの渡り廊下でつながっている。このきらめく通路からは左右どちらを向いても渓谷の眺めが楽しめる。

「ガラスが主役」

左：優雅なリビングエリアの開閉式の窓は、景観だけでなくその雰囲気も室内に迎え入れる。

右：渡り廊下からキッチンおよびダイニングエリアへと続く階段。ライムストーンのルーバーが直射日光を遮っている。

2004年、パリは難問をものともせず、土地にも景観にも負担にならない住宅を生み出した。地盤にかかる建物の重量を軽減するため、グラウンドフロアのリビングスペースを大きな中庭のような形式にし、床から天井まで届く板ガラス——その幅は、1階は狭くグラウンドフロアは広い——をはめ込むことで、邸宅のデザインが景観の邪魔にならないよう配慮した。実際にこの邸宅は景観の邪魔になるどころか、景観を温かく迎え入れている。

それだけではない。ガラスはこの家を1つにまとめる働きも担っている。2つのセクションに分けて設計された建物を、ボックス型の渡り廊下がつないでいる。ガラス張りの渡り廊下からは、外の景色を見渡せると同時に、外から中が見通せる。プライベート設備のある西側ブロックを出て、景色を眺めながら透明なトンネルと抜けると、南東ブロックの自由に流れるパブリックエリアに出る。グランウンドフロアはキッチンからダイニング、ダイニングから居間へとよどみなく続き、どの部屋も全面ガラス張りで、ガラスの向こうには渓谷の眺めが広がっている。上階は、スイートタイプの主寝室とプライベートテラスで、そのファサードには白い窓枠のついた細長いガラス窓が並び、窓越しに見える谷間の景色が部屋の隅々まで沁みわたる。

パリは言う。「家の中をめぐりながら垣間見る一瞬の風景は、ガラスによって室内に取り込まれていくのです」

「土着の香り漂うモダン住宅」

スペイン：イビサ島　「白いガラスがこの島の建築にしっくりなじんでいます──土着の香り漂うモダン住宅、といったところでしょうか」2004年にきわめて独創的なガラスの家をイビサ島に建てたスペインの建築事務所〈ビンセンス＋ラモス〉のチボール・マーティンが語る。

邸宅はもっぱらガラスでできているように見えるが、実際には不透明なすりガラスを外装材として用いただけである。「レンガや石材の代わりに白いガラスを使用したのですが、これが機能面でとても有効でした。ガラスなら高圧洗浄機で汚れを簡単に落とせます。砂嵐が頻発するこの島ではこれは重要なポイントでした。それに、このガラスには素晴らしい熱特性があります。ガラスとその後ろのレンガとのあいだに空洞があり、これが暑い時期でも住宅内を涼しく保つ隙間となるのです」とマーティンが解説する。

とはいえ当初は、もっと普通の家を建てる予定だった。「施主は、既存の建物が建っている敷地を購入しました。イビサでは建築許可を取るのは非常に難しいので、この建物を生かす方向で進めていくしかなかったのです。

左：イビサ島に建つ独創的な邸宅のガラスの外装は、島の建築様式を参照したもの。この外装は汚れが簡単に落ちるので、きわめて実用的でもある。

下：バレアレス諸島の大自然の風景に囲まれた邸宅。

次の見開き：サンデッキをめぐらせた白いガラスの邸宅からは、地中海と、その彼方に浮かぶフォルメンテラ島の絶景が楽しめる。

ガラスの外装は島の建築様式とのバランスを取るために採用しましたが、そのままではなく、モダンな形で採り入れました」

この家の設備は3つのフロアに分けて配置されている。1階には応接室がいくつかと、3つの寝室（2つは施主の子どもたち用、1つはお手伝いさん用）があり、2階は、専用ジムとサンルームと2つのバスルームがついたスイートタイプの主寝室になっている。この家には他にも、専用テラスへと続く半地下のフロアがあり、主寝室と同じ大きさのゲストルームが1部屋と、子どもたちの遊戯室、そして独立型の離れになっている。

内部空間がこれほど広いのに、外の景色が見えないままではあまりにももったいない。そこで、すりガラスとコントラストを効かせるためにも、透明なガラス窓もふんだんに取りつけた。おかげで今ではフォルメンテラ島と地中海の輝くような景色が、部屋の中から堪能できる。

上と右下：穏やかなグレーの家具と黒のラッカー塗装で仕上げた木質フローリングは、中間色の内装や白い簡素な外壁とコントラストを成している。

右上：白いシンプルな洗面台やバスタブのついた最上階のバスルーム。ここでもモノクロが基調になっている。

ロンドンのビクトリア朝時代の厩舎を、ガラスをふんだんに使って改築した。今では光あふれる印象的なモダン住宅に。

3 新たな生命を吹き込む

ガラスは建物に驚くほど活力を与え、みすぼらしく生気のなくなった空間に、光と息吹をもたらす。増築にせよ、大規模な改築にせよ、そこにガラスを使うことで、くたびれた建物に新たな役割と刺激が与えられ、時として、まったく別の個性が付与される。

ガラスを使った改築の中で後世に多大な影響を与えた最初期のものに、パリの有名な「ラ・メゾン・デ・ヴェーレ（ガラスの家）」がある。これは1931年に、家具・インテリアデザイナーのピエール・シャローと、建築家のベルナルト・ベイフット、そして金属加工職人のルイ・ダルベとのコラボレーションによって生み出された。「診察室のついた見栄えのする家を建ててほしい」というのが、施主であるパリの裕福な医師の希望だった。しかし、最上階（3階）に住んでいた高齢の借家人が立ち退きを拒んだことから、シャローら3人の仕事は困難をきわめ、けっきょく彼らは建て替えはせずに、この家を現代的なスタイルに再生することにした。つまりこのプロジェクトは、改築工事となったのだ。

シャローは建物の2階のフロアを巧みに撤去し、壁を工業規格の板ガラスと半透明のガラスブロック、そしてむき出しの鋼材に取り換えた。こうしてガラスの偉大なる力——建物に光をもたらし、新たな生命を吹き込む力——を利用して、建物を見違えるほど美しく変身させた。正真正銘の見事なガラスの家となった「ラ・メゾン・デ・ヴェーレ」は、今では、夜の帳が降りるとみずから光を放つ、街のランドマーク的な存在となっている。

以来ガラスは、建物の改築や改修に打ってつけの建材であることを実証してきた。デザインの点から見ても、ガラスをクリエイティブに用いることで、ごく普通の住宅にオリジナリティを加えたり、既存の建物を引き立たせたり、コントラストの妙を演出したりすることができる。実用の面でも、現代ガラスは扱いやすく取りつけも簡単で、優れた熱特性を有している。

特に、荒れたまま放置されていた陰気な家に——巨大なガラス窓やドア、精巧なつくりのガラス張りの屋根、あるいは透明な内壁といった形で——ガラスを加えることで、自然のエネルギーと幸福感と光に満ちた、現代的で温かみのある住空間に生まれ変わるチャンスと、新たな個性が建物に与えられる。

数々の素晴らしい特性を備えたガラスは、文化財指定建築物などの特色ある古い建物を扱う建築家にとって、非常に貴重な素材といえる。ガラスを軽いタッチで使用することで、年代物の住宅に微妙な変化をもたらし、その古びた趣を損なうことなく改修できる。実際に、ガラスを用いた新たなデザインが建物にもたらす変化は、あまりにも繊細かつ微妙なため、その大多数は表から見ただけでは改修の跡が分からず、裏から見て初めて気づくほどである。それでも、このように現代ガラスを使って改修すれば、伝統建築としての魅力を尊重してその姿を残しつつ、今という時代にふさわしい素敵なデザインを古い家に施し、よみがえらせることができる。

その一方で、ガラスを改築に用いる主な目的は、概して古い住宅でモダンなライフスタイルを実現するためであり、これこそがガラスがその真価を発揮する場なのである。本章では、ガラスを使った改築によって新たな生命を吹き込まれた建物を紹介していく。いずれも、ガラスの偉大な力量——愛着のある中古住宅を、潤いと活気に満ちた邸宅に変身させる力——を真に称える作品である。

イギリス：ロンドン、チェルシー　ガラス住宅のパイオニア、ピエール・シャローから多大な影響を受けたリチャード・ロジャース卿は、そのことを隠そうとはしなかった。実際に、彼が手がけた数々の商業建築プロジェクトのデザインにも「ラ・メゾン・デ・ヴェーレ」を明らかに参照したと思われるものが少なくない。中でもとりわけ有名なのが、不透明なガラスを多用したロイズ・オブ・ロンドンのオフィスビルだろう。

とはいえ、シャローの影響を受けたロジャース作品は商業建築にとどまらない。ロジャースはシンプルで透明感のある建築を追い求め、その探求心は彼の住宅建築にも広がった。そうした中に、彼がみずから設計した自邸——クリストファー・レンが設計したチェルシー王立病院に面した、ビクトリア朝様式の落ち着いた建物——がある。

ロジャース卿夫妻のこの邸宅は、1987年に2棟のテラスハウスをつなげて1つにしたもので、外から見ると改修の跡はほとんど分からない。だが、

下：テラスハウス2棟をつなげて1つにした邸宅。建物内部の壁や天井の一部を撤去して、明るく広々とした空間をつくりあげた。

右：人が集まるピアッツァ・スタイルの1階のメインリビングスペース。南向きの8つのサッシ窓から差し込む光と、そこから見える景色が室内空間を満たしている。

「シンプルで透明感のある建築」

建物内部では「メゾン・デ・ヴェーレ」と同様の"撤去"作業が行われた。今では1階のメインリビングエリアは、南向きの8つのサッシ窓から光が降り注ぐ吹き抜けの素敵なスペースとなり、王立病院と手入れの行き届いた敷地の眺めを、サッシ窓が額縁のように切り取っている。

ロジャース卿夫人は、ロンドンの〈ザ・リバー・カフェ〉の共同オーナーで、プロのシェフでもある。ゆえに、この家のキッチンがステンレス製の業務用厨房機器を完備し、広場《ピアッツァ》スタイルのリビングスペースの中心となっているのも驚くにあたらない。

屋外では、かつて小さな中庭だった場所にガラスの構造体が増築され、これが美しいステンレススチールの階段を覆っている。ローリー・アボットがデザインしたこの個性的な階段は、ストリート階の控えめなエントランスから1階の広々としたリビングエリアへと続き、さらに最上階の寝室とバスルームへと続いている。

この改築には、家族とくつろいで暮らしたいというロジャースの思いが反映されている。グラウンドフロアには彼の義母のために、アパート形式の部屋がそのまま用意されており、ゆったりとした広いリビングエリアは、家族の集まりやパーティーに最適で、ロジャースのモダンアート・コレクションを飾るギャラリーにもなっている。ロジャース邸は、彼の――さらにいえばシャローの――現代建築に対する基本姿勢が随所に見られる家である。

左上：ローリー・アボットがデザインしたステンレススチールの階段が、この家の3つのフロアをつないでいる。

右上：回転ドアのおかげで、何ものにも遮られることなく室内空間が流れていく。

右：優美なキッチンがこの家の中心エリアになっている。

イギリス：ロンドン、カムデン　このロンドンの邸宅は、どこか二面性を感じさせる。通りから見ると、ジョージ王朝様式のドールハウスのようなクラシカルで気品ある佇まい――白いファサードには洗練された黒いドアと、このスタイル特有の大きなサッシ窓がついている――にしか見えないが、白と黒のタイル張りのステップを上って中に入ると、表とはまったく別の顔が見えてくる。

1800年代風のレイアウトを想像させる外観とは裏腹に、内部は天井が高く広々とした光あふれる空間になっている。この広い空間は、邸宅の裏手を占める巨大なガラスの増築部分が、大きなガラス張りの回転ドアを介して庭園とつながることから実現した。

この邸宅は、〈ムンケンベック＋マーシャル〉の建築家スティーブ・マーシャル夫妻が2000年に購入したもの。購入当時この家は、前オーナーの医師がいくつもの狭いスペースに区切って診察室として使用していたために、オリジナルのデザインに増改築が手当たり次第に施された乱雑な建物になっていた。そこでマーシャル夫妻は、余計な部分を取り払い、建物を19世紀に建てられた当時の構造に戻すことにした。

建物を庭のほうに1m拡張し、内から外への移動がスムーズになるよう裏庭の地面を1階のフロアと同じ高さにすることで、この邸宅は劇的な再生を遂げた。

同様に、床の一部を取り払うことで内部空間の容積をアップさせ――取

「外に向かって開かれた家」

左と下：ずらりと並んだ高さ4mのドラマティックなガラスのドアを回転させると、1階のリビングスペースと庭園が一続きになる。

上：床の一部を取り払い、フロアの高さを下にずらすことにより、ガラス張りのリビングエリアの天井高を高くした。

右：手すりのない開放的な階段。流れるようなリビングスペースにしっくりなじんでいる。

右上：1階寝室の印象的な窓が、庭の景色を背景幕に仕立てている。

り払われずに残された暖炉によって、床の元の高さがそれとなく分かる──床から天井までの高さが4mもある贅沢な空間を生み出した。

この家の後部を占める増築部分は、今ではマーシャル家のリビングとダイニングエリア、そして一段低く設計した独創的なキッチンを組み込んだ、流動的なオープンプランの空間となっている。背後の総ガラスの壁から光が降り注ぎ、高さ4mの堂々たる4つのガラスドアを90度回転させると、この家は外に向かって完全に開かれる。

リビングエリアの階上は、ガラスで囲まれた箱型の主寝室になっており、人目を引く印象的な窓から、現代感覚あふれる洗練された中庭を望むことができる。中庭は、若返りを果たした斬新なこの家の「野外リビングスペース」となっている。

イギリス：ロンドン、ストックウェル　ロンドン南部のストックウェルに建つビクトリア朝様式のこの邸宅は、登録建築物グレード2に指定されていたが、2人の幼い子どもをもつ夫婦が1998年に購入した当時、悲惨な状態にあった。数年にわたり無断居住者に占拠された結果、もとの外装ははぎ取られ、焼け焦げた跡がいくつも残り、雨漏りも放置されたまま腐りかけていた。

その後に行われた改修工事は困難をきわめた。制限つきコンペの結果、若い夫婦の住居としてふさわしい、軽快で広々とした邸宅に改築するべく、ロンドンに拠点を置く〈デビッド・ミハイル・アーキテクツ〉が起用された。

通常、グレード2に格付けされた住宅の改築は、建築許可が下りにくい。だがこの家の場合、あまりにもひどい状態だったため、近隣の人々の理解やイングリッシュ・ヘリテッジ〔訳注：歴史的建造物を保護するために英国政府が設立した組織〕のサポートが得られ、建物内部の改修工事（1999年施工予定）の許可は比較的スムーズに下りた。

ブリーフには、家屋と庭との関係を改善することが要件として盛り込まれていた。そこで、ミハイルはストリート階の床を1m下にずらして、床を庭と同じ高さにすることで両者につながりをもたせた。こうしてできたのが、1.5階分の天井高のあるファミリールームだ。このファミリールームは

左：天井高が1.5階分あるファミリールームの新設により、よみがえったビクトリア朝様式の邸宅。後部の壁まで全面ガラス張りになっている。

右：雛段式のリビングエリア。各段はそれぞれ用途の異なるエリアになっている。

「軽快で広々とした家族住宅へ」

雛段式になっており、各段はそれぞれ用途の異なるエリアに分かれている。床から天井まで届く巨大なスライド式のガラスパネルを開けると、庭を間近に感じる開放的な空間ができあがる。

「高さ4.5mの3つのパネルには二重の強化ガラスを使用し、なおかつ建築用シリコンをスライドドアのシーダーフレームに塗布することで、ガラスを木製ドアフレームに密着させて結露を出にくくしています。それから、3つのガラスパネルはそれぞれ人の手で運び入れたので、大きなパネルを1枚使うよりもコストを抑えることができました」とミハイルが説明する。

この建物で最も目を引くのが、トップライトに照らされたガラスの階段室だ。この階段室には連続窓がついており、夜になると、この家のストリート階から最上階まで続く、光り輝くコラムとなる。

左：天井まで届くガラスのパネルをスライドさせると、家が庭に向かって開かれる。

右：目を見張るようなガラスの階段室。計算されたポジションに設置された天窓から光が降り注ぐ。

下：ガラスをふんだんに使用したおかげで、家族がくつろぐリビングスペースは明るく広々としている。

イギリス：ロンドン、ハイゲート　ロンドンを中心に活動する建築家、エバ・ジリクナは、大邸宅や有名商業ビルに優雅な彩りを添える彫刻的なガラスのデザインで知られる。1988年には、ロンドンのジョゼフ・ストアのためにガラスとスチールの壮麗な階段を設計し、大きな話題を呼んだ。以来、彼女はガラスの装飾的特性を建築やインテリアデザインに生かす方法を模索してきた。

ジリクナはこれまで数々のプロジェクトを手がけたが、とりわけ目を見張るのが、ロンドン北部のハイゲートに建つ邸宅の再設計だ。この家は、1957年にオブ・アラップがローデシア人建築家のアーハード・ロレンツと共同設計・建築したものである。老朽化にともない、1991年頃に売りに出されたが、すぐに買い手がついた。購入したのはカリフォルニア育ちの南アフリカ人青年とニューヨーカーの妻だった。彼らは、隠れた魅力と可能性をこの家に見いだし、それまで放置されていた建物に惜しみない愛情を注いで、手を加えることにした。

下：オブ・アラップが1950年代に設計した邸宅。1991年、ガラスの魔術師エバ・ジリクナが新たな生命を吹き込んだ。

右：プールの端を囲む形で南向きに設置されたパビリオンは、前後を固定されたダイヤフラム・ルーフをピン接合した柱で支える構造をしている。

「建物に溶け込んだガラスの増築物」

下：敷地のフォルムを構成する一要素として、建物と同じ向きに配されたラッププール。庭園はこのプールを境に、野趣あふれる傾斜地のセクションと、芝生のセクションとに分かれている。

その下：さまざまなガラススクリーンで空間を仕切ることで、プライバシーが確保される。

上：ペアガラスの耐力壁で囲まれた新設スペース。リビングエリア、ダイニングエリア、エクササイズエリアに分かれている。

以上の経緯から、夫婦は改築の設計をジクリナに依頼した。建物本来の良さと周囲の景観を損ねることなく、この家を現代的な「西海岸」式ライフスタイルに合うよう改築・増築することが新オーナーの要望だった。彼らが特に希望したのが、グランドフロアを拡張してラッププールを新たにつくり、プールを取り巻くガラスのサンルーム——リビングとダイニングエリアに使う予定——を増設することだった。

ガラスの増築部分のおかげで、家の中は生き生きとした光あふれる空間となった。この増築部分は、ペアガラスの耐力壁に囲まれたパビリオンを並べたもので、空間を仕切るガラススクリーンがプライバシーを適度に確保し、建物内外に敷き詰められたグレーの石のフローリングがインドアとアウトドアをつなぐ役目を果たしている。

ジリクナのトレードマークでもあるガラスを生かしたデザインは、この家の随所にちりばめられ、建物に溶け込んだガラスの増築物と見事に調和している。改装したキッチンには、すりガラスのドアが取りつけられ、階上の主寝室は、新設されたバルコニーへと続く開放的な空間になっている。バルコニーのガラスの手すりは、庭園を一望する広々とした眺めを際立たせ、階下のパビリオンのガラスのテーマともつながっている。

アメリカ：カリフォルニア州ハリウッドヒルズ　ハリウッドヒルズにひときわ高くそびえるこのランドマーク的な邸宅は、建築家のジョン・ロートナーが1960年代に設計したものである。その20年後、この家を購入した企業家のジム・ゴールドスタインは自分の好みに合わせた邸宅のリフォームを、もとの設計者であるロートナーに依頼した。

海を見下ろす傾斜地に張りつくように建つこの家は、建築当初、くさび型のフォルムをしており、とがった張り出し屋根の下に広がるリビングルームと、それに続くダイニングキッチン、そしていくつかの寝室で構成されていた。また、最初のオーナーが「星空の下」でキャンプをするような感覚を味わいたいとの夢を抱いていたため、ロートナーはコンクリート製ヴォールトのグリッドに750ものガラス容器を取りつけ、室内をまだらの光で満たした。邸宅のこのエリアは、屋外に向かって完全に開かれる巧みな設計になっており、屋内と屋外プールのテラスとのあいだはエアカーテンだけで仕切ら

左：ハリウッドヒルズの地上120mの高台にひっそりと佇む邸宅は、映画『007』に登場する悪党の隠れ家のよう。見渡すかぎりの絶景が楽しめる。

下：ユニークな形状の敷地に広がる邸宅。奥に進むにつれ、ガラスの壁越しに見える景色も移り変わる。

「フレームレスガラスの壁で部屋と風景が一体に」

れていた。

　とはいえ、あまりにも開放的なリビングスペースは、ゴールドスタインにとって実用的ではなかった。そこで改築設計者としてふたたび起用されたロートナーは、眺望を損なうことなく建物を風雨から守るために、巨大なフレームレスガラスの窓を開口部にはめ込んだ。「ガラスを導入することで、この地に適した形で絶景を取り込みつつ、空間につながりをもたせることができました」ロートナーとともにこの邸宅のリフォームを手がけた建築家のヘレナ・アラヒュートはこのように語っている。

　改修作業が何年にも及ぶなか、1994年にロートナーが逝去した。その遺志を受け継いだアラヒュートは、眺望の妨げになっていたスチールの竪子を取り払い、代わりに強化ガラスを採用した。その一方で天窓を拡張して電動の開閉式にすることで、リビングエリアの通風・採光量を容易に調整できるようにした。

　丘の斜面に設置したスイートタイプの主寝室には、プール側の壁に舷窓風の小窓をいくつも取りつけ、他の壁にはフレームレスガラスのドアをはめ込んだ。このドアを押し開けると、部屋と風景が一体化した広がりのある空間ができあがる。

右：フレームレスガラスの壁が、斬新なリビングスペースとパノラマのような眺望をつないでいる。

下：丘の上にへばりつくように建つ家をガラスの壁が取り囲み、角張った屋根が覆っている。

全面フレームレスガラスのドアを押し開け
れば、内外が一体化したスペースに。

上：風景に向かってせり出した主寝室。床から天井まで広がる窓のおかげで、このような設計が可能になった。

左：ガラス張りの側面に映し出された自然の草木。

イギリス：ロンドン、ケンジントン　1995年、建築家のセス・スタインはロンドン西部のとある地所の再開発に乗り出した。この都会の土地は、過去にさまざまな用途で使われてきた場所だった。「仕事を受けたとき、ここはほとんど廃屋状態でした。それでも現存する歴史的建造物の良さを生かしつつ、その魅力をさらに引き出そうと、意欲的に取り組みました」とスタインが語る。「ここは1880年に厩舎として建てられ、その15年後には建築資材置き場になり、やがて工場が増設されました。そこで、ビクトリア朝のレンガの時代に生まれたこの建物を、その120年後の鉄とコンクリートとガラスの時代にふさわしい姿に変えようと考えたのです」

その思いを実現するには、既存の建物を改修し、12mのガラス張りの回廊を増築して建物全体をL字型にすることで、中庭を生み出すのがベストだとスタインは判断した。「中庭があればプライバシーを維持しつつ、建物の内と外に、より密接なつながりをもたせることができます」とスタイン。「この家の可能性を引き出す手段として、中庭は、ロンドンによくある裏庭よりもはるかに優れているといえます。裏庭だとセキュリティーの問題が浮上する可能性もありますし、住宅の一部からしか外の眺めを楽しめないことになります。その点、中庭のある設計にすれば、家の大部分から外部空間を眺めることができます。さらにガラス張りにすることで、より開放

「ビクトリア朝のレンガの時代から、120年後の鉄とコンクリートとガラスの時代へ」

左：長さ12mのガラス張りの瀟洒な回廊に囲まれた中庭。ここは、もとは19世紀の厩舎だった。

感を創出することも可能です」

厩舎を家族向けの居住空間に改築するべく、スタインは裏の壁に、華やかなオレンジ色のフレームがついたガラスパネルをはめ込んだ。このパネルは、その上を人が歩いても割れないほど頑丈なピルキントン社製のガラスでできている。壁にはめ込まれたガラスは中庭から自然光を取り込んでメインリビングエリアを光で満たすとともに、上階の寝室をも明るく照らす。一方、回廊には骨組みらしきものはほとんどなく、連続するフレームレスガラスのパネルが光あふれる長い通路を生み出している。

「L字型にしたことで、外部スペースから内部スペースへ、パブリックスペースからプライベートスペースへと自由に行き来できるようになりました」とスタイン。「ガラスのおかげで外の景色を楽しみつつ、自然光をより多く取り込むことができます。これが住む人の心に大きく作用するのです」

左上：この家の長方形のフォルムは、屋上から突き出た丸い構造物と好対照を成している。

右上：急角度で斜めに突き出た内壁がリビングスペースを明確に区切っているため、ドアを取りつける必要はない。

右：オレンジ色のフレームがついたガラスパネル。リビングエリアから中庭に通じるこのガラスパネルは、家中を光で満たしている。

アメリカ：ノースカロライナ州シャーロット　「経年による老朽化に加えて敷地の一部が分譲されため、家屋の損傷がひどく、幾何学的に配された整形式庭園も荒れ果てた状態でした」この家の改築を手がけた建築家のケネス・E・ホブグッドが解説する。ノースカロライナ州シャーロットの古くからある住宅街マイヤーズ・パークに建つこの邸宅は、1914年築の由緒ある建物だ。

ホブグッドによってこの家の母屋は建築当初の姿に戻った（ただし中央階段付近の部屋の配置はそのまま残された）が、改築工事の最大の目玉は、建物裏のイタリア式庭園に張り出して建つ三面ガラス張りの増築部分である。「ガーデン・パビリオン（東屋）が建っていた場所に、キッチンと朝食用の小部屋、それにガーデンルームを備えた建物を増築しました。金属レールに沿って垂直に動く3×3mの機械式シャッターで、プライバシーを守りつつ、直射日光を調整しています」とホブグッドが語る。

金属フレームの増築部分は建築当初の面影を残す母屋の様式とはかなり

左：母屋とガレージと庭園のあいだで落ち着いた佇まいを見せるガラスと金属の増築部分。印象的な機械式シャッターで直射日光を遮り、プライバシーを守ることができる。

下：イタリア式庭園に張り出して建つガラスの増築部分は、クラシカルな邸宅と周囲の景観とを結びつけている。

「建築当初のスタイルを残しつつ、新たな息吹を与える」

左：ガラスの建て増し部分の長方形のデザインが、キッチンの細長いフォルムにも生かされている。

下：スチールとスレートの優美な階段のある中央ホールは、いまでもこの家の中心エリアとなっている。

右：窓ガラスの四角いフォルムを反映した現代的なガラステーブル。邸宅にモダンな趣を添えている。

趣が異なるが、母屋とガレージおよび庭園のあいだに端然と佇むその姿は、この邸宅にそれまで欠けていた「完成された雰囲気」を敷地の外観に添えている。屋内の古いエリアと新しいエリアとをつなぐのが、プレイン・ソーン・メイプルを使って改修された中央ホール――新設されたスチールとスレートの階段を取り囲む大きな立方体のボリューム――だ。この中央ホールは、もとからあった部屋を結びつける中継地点であり、その現代的なスタイルによって、大きな増築部分のモダンなデザインを視覚的に暗示する役目も果たしている。

フレームを白く塗ることで母屋の漆喰壁との調和を図った増築部分からは、手入れの行き届いた庭園の素晴らしい眺めが堪能できる。このガラスの箱のような建て増しエリアは、伝統的な邸宅の中に軽やかで流動的な空間を生み出し、当初の様式のレトロな趣を残しつつ、そこに新たな息吹を与えている。

マルシオ・コーガンが設計したブラジルの
ツリーハウスのような邸宅。フレームのな
いガラスの壁のおかげで、鬱蒼とした森と
違和感なく溶け合っている。

4 風景に溶け込む家

美しい大自然にあふれる世界。そのただ中にいれば、自然の美を眺めるだけでなく、自然の中で暮らしたいと多くの人が願うのも無理はない。風景に溶け込み、風景で構成される家をつくるには、ガラスこそが理想の建材といえるだろう。

「有機的な建物には、クモの糸のような強靭さと軽やかさがある。それは、光によって有機的な性質が付与され、環境の個性によって育まれ、土地と結びつけられる建物である」フランク・ロイド・ライトはこのように語ったと伝えられている。透き通ったきらめくガラスほど、これらの条件を満たすにふさわしい素材はない。

さらにライトは「建物もまた地球と太陽の子である」と述べている。ガラスの偉大な特性を生かすスキルと高度な専門知識をもつ建築家には、シェルターとしての実用性を備えつつ環境に溶け込んだ住宅を生み出すことが可能であり、このことは本章で紹介する絶景に建つガラス住宅の例からも明らかである。

ライトをはじめ、アメリカの初期モダニストらが提唱した「有機的な」スタイルの建築では、屋内外を直接結びつけて、美しく芸術性豊かな空間を創出することが重視された。一方、後続の建築家の多くは、このコンセプトをさらに発展させて、建物と環境が対話する空間をつくりあげた。

ガラスを建築に取り入れる現代建築家には、その構想を練るにあたり、周囲の景観から直接インスピレーションを得る者が多いが、自分の思い描く建物が周囲の景観になじむかどうかを頭の中でシミュレーションする建築家も少なからず存在する。

これから本章で紹介するように、マルシオ・コーガンやフォスター卿、ゾルタン・E・パリらが設計したガラスの住宅は、自然のフォルムの模倣を試みるのではなく、自然の地形を生かして建てられている。その一方で、人工的で精密なデザインや、建材がもつ工業品らしい質感が、その地域の自然環境と好対照を成すガラスの家もある。

重厚な素材の代わりに、透明もしくは半透明のガラスを広範囲に使った建物は、ガラスにしか生み出せない、どこか実体のない繊細な雰囲気を醸し出す。ガラスをこのように用いることで、あたかも自然の法則に反するような、幻想的な建築が生み出される。そのデザインと構造は明らかに人工的であるにもかかわらず、ガラスの住宅は景観の中に軽やかに佇み、大自然の神々しい美を取り入れて周辺の環境を糧にしながら、みずからを豊かで潤いのある空間につくりあげている。

ブラジル：リオデジャネイロ　サンパウロに拠点を置く建築家、マルシオ・コーガンは、縦長の箱のような石とガラスの家を設計した。風景の一部と化したこの邸宅では、古生代のシダ類を思わせる巨大な植物が屋根の高さまで生い茂り、窓を突き破る勢いで枝葉を伸ばしている。ブラジルの大西洋熱帯雨林の林冠に設置されたこの家の基本構造は、「外の景色を取り込む」というコンセプトを究極の形で具現化した、ガラス張りのツリーハウスである。

マルシオ・コーガンといえば、サンパウロの地平線を縁取る都会的なボックス型のデザインで有名だが、このプロジェクトでは、リオデジャネイロ北部の山深い森林地帯の風景が存分に生かされている。彼が考案した基本設計はミニマリスト的な幾何学原理にもとづくものだった。ただし、ガラスをはめ込むことで、鬱蒼と生い茂る森の緑をどの部屋からも鑑賞できるようにした。

コーガンがこのプロジェクトを引き継いだとき、工事はすでに進行しており、このことが彼の仕事の足かせとなった。プロジェクトを最初に手がけた建築家が、施主——熱帯雨林の別荘ライフにあこがれるリオデジャネイロ在住の裕福な夫婦——から契約を解除された時には、骨組みがすでに地面に埋め込まれ、人里離れた0.6haの敷地を流れる小川にはエントランスの鉄橋がどっしりと架かっていた。他に選択肢がなかったコーガンは、これらの要素を取り入れつつ、そこに彼なりの秩序を植えつけた。均整を

左：ブラジル熱帯雨林の鬱蒼と生い茂る緑に囲まれたマルシオ・コーガンのガラス張りツリーハウス。

右：壁一面に広がるつややかなガラスに森の木立が映ると、この家の存在は限りなく無に近づいていく。

「梢のあいだに浮かんで見える」

欠いた基本構造が気に入らなかったため、1階の床と天井のスラブを片持ち梁のように脚柱から突き出る設計にして、その視覚的なインパクトを和らげた。これにより「細長い石造りの箱型住宅でありながら、まるで重さがないかのように軽やかに見える」というパラドキシカルな幻想を生み出した。

4つのスイートルームと客用バスルーム、キッチンとリビング・ダイニングルームの入った1階部分が梢のあいだに浮かんで見える。グラウンドフロアでは、温水プールとドライサウナが天然石に埋め込まれ、巨大なはめ殺し窓の向こうに広がる緑豊かな大自然が、圧倒的な存在感を示している。

上：細長い水槽に水をたたえたプール室。地元で採掘された天然石をはめ込むことで、ガラスの壁越しに見える風景と調和させている。

上：四方の壁を全面ガラス張りにした優雅なリビングルーム。木々の梢と同じ高さに配置されている。

左：ウッドシャッターが寝室のプライバシーを保護し、直射日光を遮っている。

左：スライド式のガラス壁で目隠しされた屋上プールからは、地中海を俯瞰できる。

下と次の見開き：新設されたプールの背後から伸びる2本のスチールチューブがアーチ状に湾曲しながら、屋上を超え、新しい寝室のフロアまで下りている。このアーチ型チューブに張りめぐらされたスチールコードには、建物に「緑のベール」をつくるべく、蔓植物が誘引されている。

フランス：サン・ジャン・カップ・フェラ　国際的に有名な建築家にとって、南仏のこの超高級リゾート地はなじみ深い場所――ル・コルビュジエも、アイリーン・グレイも、オスカー・ニーマイヤーもみなこの地の別荘の設計を手がけた――である。さらに1999年、「ヴィラ・メシドール」（1950年代建造）の改築にノーマン・フォスター卿が乗り出し、綺羅星のごとき巨匠たちの中にまた1つ、新たなビッグネームが加わった。

地中海を見下ろす山の斜面に張りつくように建つこの白い瀟洒なガラスの家は、海側に下りていく階段状の3層構造をしている。だが、プロジェクトがフォスター卿の手に委ねられた当初は、今とはかなり異なる姿をしていた。

この別荘の建築当初のデザインは、近隣に建つ優雅なヴィラと同様に、モダニズム的美学に南欧リゾート風のテイストを織り交ぜて、周囲の景観と調和させたものだった。だが、それから50年にわたり種々の改造が加えられた結果、景観との調和が損なわれ、モダニズムスタイルもその統一性を失い、影を潜めた。境界を無視し、園芸種であふれる人工的なロックガ

「起伏に富むこの土地ならではのスタイルを進化させて」

ーデンを増設したことも、この家を建築当初のコンセプトからさらに引き離す一因となった。

フォスター卿は、起伏に富むこの地の風土に根差した当初の建築スタイルをさらに進化させて、建物全体の統一感をよみがえらせることにした。床を全面取り外して、海に面した巨大な吹き抜けのリビングスペースをつくったのも、そうした試みの一環だった。

次に彼は、海側の壁にはめ込まれた6つの大窓を取り払い、代わりに1枚の巨大なガラスを取りつけることで、地中海の絶景が一望できるようにした。このデザインがユニークなのは、ガラスの壁を建物に対して角度をつけてはめ込んだ点だ。その結果、天井から床に向かって斜めに張り出したガラスの壁によって、見晴らしのいい空間が生み出され、景観との一体感が高まった。ガラスの壁をスライドさせて、家屋を海と山の景色に向けて完全に開放すれば、さらに自然との一体感を満喫できる。

左：寝室のフロアにはめ込まれたガラスドアが、見晴らしのいい空間を生み出している。

左下：海に向かって階段状に展開するエレガントな白いガラスの別荘。この家の特徴でもある2本のアーチ型スチールチューブは、蔓植物を絡ませるトレリスの役目を果たしつつ、南仏の酷暑から建物を守る日よけの帆を張るマストの機能も備えている。

右：吹き抜けのリビングスペースのガラス壁を全開にすると、そこは見渡す限りの海。

ベルギー：西フランダース　ベルギー人建築家、ステファン・ビールは、西フランダース州の田舎屋敷の菜園だった場所に家を建てるにあたり、ブリーフを作成していた。そのとき彼は、「制約がない」ことがこの家の設計上の唯一の制約であることに気づいた。「何の制約もないことが唯一の制限であることが分かってきました」ビールが振り返る。「そこで、『ほとんど何も』しないでおこうと決めました。つまり、そのシンプルさに手を加えるのではなく、それを生かす方向で進めることにしたのです」

菜園は、壁に囲まれた複数のセクションにあらかじめ分割されていた。そのためビールは、細長い外皮（彼曰く「中に住むための新たな壁」）に包まれた建物として邸宅をデザインした。部屋から部屋へと通り抜けて邸宅内を移動できるよう各部屋を一列に並べ、両端に寝室、中央にガラス張りのリビングセクションを配した。エントランスも中央に設置したが、エントランス部分は狭く、中に入るとすぐに一方がボックス型の明るいリビングエリア、他方がダイニング・キッチンエリアへと続いていく。どちらのエリアも全面ガラス張りで、一部の壁は開閉可能なスライド式になっている。さらにガラスのアトリウムをリビングに設置して、景観とともに自然光と戸外の雰囲気を室内に取り込むようにした。「ガラス張りの中央ゾーンでは、庭園と果樹園がインテリアになっています。内部のボリュームは、必要なプライバシーに応じて屋内外に向かって開閉できる、大きな家具のようなものです」とビールが説明する。

また、ガラスの壁に囲まれていないエリアには大きな窓を取りつけて、景観とつながりをもたせた。「ここぞという場所では、閉鎖的な壁をくり抜いて開口部をつくり、景観を切り取ることで奥行きを演出しました」とビール。「隠しつつ見せることで、開口部は部屋らしき空間と背後の庭園を生み出します。ここでは家と周囲の環境が手を携え、協力し合っているのです」

「中に住むための新たな壁」としてデザインされたベルギーの邸宅。部屋を一列に並べた建物の中央には、目を見張るようなガラス張りのリビングエリアが配され、その総ガラスのドアをスライドさせると、内と外が一体となる。

「家と環境のコラボレーション」

左：天然素材で仕上げた内装が、庭の景観と響き合っている。

下：大きなガラスドアのないエリアにも、このキッチンのように比較的小さな窓がはめ込まれている。おかげでいつでも外の景色が楽しめる。

ニュージーランド：グレートバリア島　「グレートバリア島のこの邸宅は、家族が休暇を楽しむ別荘として設計されました」オークランドに拠点を置く〈フィーロン・ヘイ・アーキテクツ〉の建築家、ティム・ヘイが説明する。「ここはまさに、本土から逃れた者がたどり着く、憩いの別天地です」

2005年に竣工されたこの家は、確かに身近な文明からある程度の距離を置いている。オークランド北東部からグレートバリア島（地元では「アオテア」と呼ばれる）までの90kmの距離を船か飛行機で移動し、そこから干潮を待って四輪駆動車で河口を渡り、さらに砂漠をいくつか越えてようやくこの地にたどり着く。島の面積は285平方km。この広大な地に定住者が900人しかいないのも驚くにあたらない。ここにはほぼ手つかずの自然が残されており、荒涼とした景観にはどこか人を寄せつけないところがある。〈フィーロン・ヘイ・アーキテクツ〉が設計したこの家のオーナーが、6.5haの理想の地を見つけたのもまったくの偶然だった。「ここはニュージーランド人にも発見されていない未開の地でした」とヘイは言う。

それでも、グレートバリア島独特の地形に囲まれたこの敷地は、辺鄙だが雄大な場所——丘から海岸付近の平地へと勾配が変化する北向きの傾斜地——に存在する。起伏の多い牧草地や島の景観を彩るマヌカの茂みの中にぽつんと建つこの家からは、「シャーク・アレイ」（東の岬にかつて打ち寄せた大波にちなんでつけられた）と呼ばれる小さな入り江が見下ろせる。

「家の空間の大半は『野外の中庭』で占められています」とヘイが語る。「丘の斜面に建てるため、段丘をそのまま生かして、そこに全体の構造を配置しました」メインリビングエリアのあるL字型の「オープンエアのベランダ」が中庭の端をめぐるように配されており、2つの側面にはめ込まれた巨大なガラスのスライドドアだけが、戸外と建物とを隔てている。

「幅2.5m高さ2.7mのガラスドアを使ったのは、どちらか一方を閉めれば、防風壁になるからです。海風が強いときは、建物を保護するために風上のドアを閉めますが、風下のドアを開けておくことで中庭に出入りできます。この家に使われているガラスの量を見れば、中から眺める風景がどれほど特別で素晴らしいかが分かるでしょう」ガラスのドアを開け放てば、建物全体が大自然にさらされる。この「開かれたパビリオン」は、シャーク・アレイの入り江に打ち寄せる波を見張りながら、起伏に富んだ丘に佇んでいる。

「野外の中庭」

上：ニュージーランドの離れ孤島の丘の斜面に建つこのガラスの家は、ガラスドアを開けると風が吹き抜ける、大自然に開かれた邸宅だ。

右：ガラスの壁は開閉式になっているため、風向きや風の強さに応じて風を防いだり、微風を招き入れたりできる。

左：アルミの雨戸が建物をしっかり保護している。

上：海の景色が抜群のインテリアになっている。

アメリカ：カリフォルニア州サンフェルナンド・バレー　南カリフォルニアのサンフェルナンド・バレーにそびえる山稜に建つ、ミニマリスト的なこのガラスの家は、初期のケース・スタディ・ハウスのデザインと比較されてきた——理由は一目瞭然だ。見た目にもシンプルな建築様式や、景色を取り入れるためのガラスの多用など、この家は確かにピエール・コーニッグのケース・スタディ・ハウスNo.21を連想させる。とはいえ、この邸宅が建てられたのは、No.21の竣工から50年後の2004年——奇しくもコーニッグが亡くなった年——のことだった。

風景と一体化した住まいを望む若い夫婦の依頼でこの家を設計したのは、〈SPFアーキテクツ〉の建築家、ゾルタン・E・パリである。彼は施主の希望を満たすために、ガラスの透明性を生かし、風景をまるでつかみとるように室内に引き込んだ。「中庭ではガラスを消失面として、パノラマのような空間内では透明な観測面として、採光窓では発光体として使っています」とパリが解説する。「それから、壁を何箇所かくり抜いて開口部をつくることで、すっきりとしたフォルムを維持しました」

邸宅は中央棟を取り巻くように配され、居住空間を収めた各「ポッド」には、ガラス張りの壁で囲まれた中庭からそれぞれ自由に出入りできる。だが、この家の最大の魅力は、メインリビングの下り斜面側の壁一面にはめ

右：南カリフォルニアに建つミニマリスト・スタイルの家族向け住宅。床から天井まで広がるガラス窓と部分的にガラス張りになっている中庭を最大限に活用し、「サンフェルナンド・バレーのパノラマのような眺望を住空間に取り込んだ家」という施主の夢をかなえた。

下：かなり個性的な雰囲気をもつ邸宅だが、構成材の多くは市販のものでまかなわれている。

「風景と一体化した住まい」

上左：サンデッキと、海に溶け込んでいくように見えるインフィニティプール。ここから峡谷の景色が一望できる。

左：寝室にも大きな窓がいくつもはめ込まれ、いつでもどこでも景色が視界に入ってくる。

上：木陰に建てられているため、テラスに出ると心地よい涼風が吹いてくる。

込まれた総ガラスの窓である。この窓からは、ガラスのような透明感をたたえたインフィニティプールが、敷地北端の地平線を超えて、峡谷の彼方に広がる茫洋たる海に溶け込んでいくさまを眺めることができる。

ここはまさに、景観と一体化した癒しの邸宅だ。だがそれは、細部まで計算し尽くされた設計とロケーションとの心地よい調和を通して、家と風景とが対話しているからにほかならない。建物の位置決めを、木陰を生かす形で行うことで、邸宅に天然の空調設備が提供され、中庭の大半も、微風がよそいでくる風向きを考慮して配置されている。

この家は特別注文仕様の高級な雰囲気を漂わせている。だが実のところ、人目を引くデザインの多くは、ありふれた工業素材から工夫してつくられたものである。この建物の特徴であり、風景を切り取る額縁にもなっているアルミフレームも廉価な市販品であり、こうしたことが「エネルギーに配慮した邸宅」として知られるこの家の信頼性を高めるとともに、地域と地球環境に極力影響を与えない家づくりに一役買っている。

ブラジル：ティフコパパ　乳白色に光り輝くこのガラスのビーチハウスには、ブラジル・ティフコパパの風光明媚な海岸線に停泊する高級ヨットのような、優雅で壮麗な雰囲気がある。この家は、サンパウロを中心に活動する建築家、イセイ・ワインフェルドが、ブラジルの某織維会社のオーナー家族の依頼で1998年に建てたもの。外部環境を招き入れるきわめて開放的な邸宅だが、「どこか謎めいた要素も盛り込んでほしい」という施主の強い要望も取り入れられている。

「ここには意外性があります」ワインフェルドの建築事務所に所属するマリアナ・ナキリがこのように解説する。「内外の空間を融合することが施主の希望でした。そこで私たちは、庭園とプールデッキに対して開かれた家を設計しました。ただし、敷地の正面からは高い壁が見えるだけで、背後に何があるのか分からないつくりになっています」

ワインフェルドの他のデザインに見られるように、ここでも高い壁が人目を遮断している。この壁は家屋を巧みに隠しつつ、日よけのついた長い廊下——建物内部へと誘う目立たないエントランス通路——を形成している。廊下の突き当たりまでいくと、建物はとつぜん途切れて、広大な芝地と玄関口が現れる。小さな玄関ロビーでこの家の雰囲気を初めて味わいつつ、そこを抜けるとメインリビングの広々とした空間がいきなり目の前に飛び込んでくる。天井の高いリビングエリアの高さ4.75mの総ガラスのドアを90度回転させれば、室内はプールデッキに向かって完全に開かれ、息をのむほど美しい眺めが堪能できる。

この家に個性を与えているのが、3つのフロアすべてに取りつけられた、

「意外性のある家」

左：ガラスで覆われた白いビーチハウス。海を渡る船のような、さわやかな雰囲気が外観やインテリアに漂っている。

右：板張りの床を敷き詰めた細長い廊下。日よけつきのガラス窓がはめ込まれ、窓下には腰かけがついている。豪華客船を思わせる贅沢な空間だ。

海辺と庭園を望む優美な窓ガラスである。この窓ガラスのなめらかな光沢が、他の素材のさまざまな質感――ざらざらした化粧漆喰、きめの細かい化粧漆喰、ポルトガルのモザイク石、白砂利、白い静電塗装を施したアルミのカーテンウォール――と絶妙なコントラストを成している。

屋上には、高さの異なる3つのフロアからアクセスできるウッドデッキの屋根があり、この美しいロケーションの中で移りゆく海の景色が一望できる、心なごむ空間となっている。

左と右と下：高さ4.75mのガラスドアを90度回転させると、洗練された白いリビングエリアがサンデッキに向かって開かれ、庭園と海辺の景色が楽しめる。

チリ：トンゴイ　「カーサ・クロッツ（クロッツの家）は、そのマッシブなフォルムとは裏腹に、はかなさをイメージしてデザインしました」この家の設計を手がけたチリ人建築家のマシアス・クロッツはこのように語る。「この家が若干持ち上げられているのも、外観がどこか頼りなげで、危うい感じを与えているのもそのためです」

木とガラスでできたこの長方形の建物は、サンティアゴから400km北にある海辺の町、トンゴイの美しい海岸と入江を見下ろす別荘として、1991年に建てられた。言われてみると、確かにこの家にはどこかとらえどころのない、はかなげな雰囲気が漂っている――「住まい」というよりも「隠棲の庵」といった佇まいだ。マルセル・ブロイヤーをはじめとするヨーロッパ近代建築家の作品から影響を受けたクロッツの建築は、人間の経験がデザインのテーマとなっている。

「家屋と周辺環境との力強いコントラストが、この建物の大きな特徴です」とクロッツ。6×6×12mのボックス型のこの建物は大地に佇み、その一部は地上から30cm浮き上がっている。エントランスに通じるアーチ型の橋が、無表情な外観から延びており、その反対側の海に面したファサードには、大きなガラス張りの開口部が並んでいる。

大きな窓が背後の広漠とした風景と、前方の海の景色を切り取り、未処

「はかなさをイメージしたデザイン」

上と右：未処理の松材と巨大な板ガラスで構成される箱形の別荘。設計を手がけた建築家は「必要最小限のものしかない簡素なシェルター」と表している。

理の松材を使用したファサードとの対比が、窓ガラスをいっそう際立たせている。こうしたファサードのつくりは、地元の素材を生かして、外観に素朴で荒削りな趣を添えるという、クロッツの創作姿勢を象徴するものだ。「家具も建具も、すべて簡素でベーシックなものばかりです」とクロッツ。「必要最小限のものだけをそろえました」

内部のレイアウトもきわめてシンプルだ。1階は明確に区切られた2つのセクションで構成され、幅2mの狭いセクションにはエントランスと階段、バスルームと小さな寝室が設置され、幅4mの広いほうのセクションには、主寝室とダイニングキッチン、2層吹き抜けのリビングルームが配されている。2階には、海に面したファサードから少し奥まったところに寝室が置かれ、ファサードと寝室のあいだのスペースに、入り江を見下ろすテラスが設けられている。

クロッツはこのように解説する。「白く精緻な木工品、壁の開口部、足し算と引き算がミックスされたデザイン、ファサードの羽目板の均整のとれた配置とその押し縁の水平ラインとの相互作用。これらすべては、パノラマのような景観や建物自体の抽象的なフォルムと対照を成すディテールをクローズアップするための演出なのです」

上と左：暮らしに必要な最低限の家具と建具だけをしつらえた室内。外観も内部と同じように、飾り気のない素朴な味わいを醸している。

上：四角いガラス窓と建物のきわめて幾何学的なデザインが、この家を取り巻く大自然の景観とコントラストを成している。

オランダ：アムステルダム、ボルネオ島　アムステルダムのボルネオ島の再開発に課せられていた厳格な都市計画規制が解除され、〈デ・アーキテクテングループ〉の建築家、ディック・ファン・ハメレンとビャーネ・マステンブルークは、この機会を最大限に利用した。

この地域で住宅を新築する場合、それまでは基本的にどの住戸も地面に接していなければならないと地元の都市計画当局によって規定されていたが、このほど、開放水域に面した建物に限り例外が認められた。2人の建築家はこれを踏まえて、レンガ造りの多い周辺住宅とは対照的な全58戸の集合住宅の設計に取りかかった。

「各住戸が地面に接するアパート」というパターンから開放されたこの集合住宅は、ガラスの部屋が集まった住宅システムとして1999年に竣工された。ファードは明るく開放的だが、建物全体としてはかなり閉鎖的だ――各住戸ではバスルームとキッチンが中央エリアに設けられ、その他の居住施

「ありえないほど見晴らしのいい場所」

左と下：このオランダの集合住宅は、近隣住宅に課せられた低層規制から免れているため、開放的な水面の素晴らしい眺めを享受できる。フラットの端には、水上に突き出たユニークなガラスの箱型リビングスペースがついており、そこから360度の目の覚めるような景色が堪能できる。

設は巨大なガラス窓に覆われたオープンプランのスペースに収まっている。部屋から張り出したテラスのおかげで、住戸内で営まれる生活は通りから見えない設計になっているが、その一方で、ほぼ透明な外壁を通して、何ものにも遮られずに水辺の景色が一望できる。

このデザインで最もドラマティックなのが、アパートの端から水上に向かって意味ありげに突き出ている、優美なガラスの箱である。ほとんど目に見えないほど透明なこのリビングスペースは、ミース・ファン・デル・ローエのファンズワース邸を彷彿とさせる。ありえないほど見晴らしのいい場所から眺める絶景。そうした豊かな環境に囲まれたガラスの集合住宅は、住む人に貴重な生活体験を提供している。

上：長方形の光がガラス張りのファサードを通り抜けて、白くすっきりとした室内空間に差し込んでいる。

上：初期モダニズム建築の透き通るようなガラスの住宅を彷彿とさせるアパート端のリビングエリア。絶景に向けて突き出したシンプルなガラスの箱型構造をしている。

左：どのエリアでも、主役は水辺の景色。

日本：相模湾　絵のように美しい日本の海岸線に建つガラスの邸宅。この印象的な家は、2つの伝統——和を重んじ自然を敬う日本の心と、鉄とガラスが織りなす「非物質化」された精巧な欧米建築——を融合して生み出された。1987年のこの家の設計を機に、建築事務所〈フォスター＋パートナーズ〉と施主との長いつき合いがはじまった。彼らの関係はその後に行われたいくつものプロジェクトを通じて、現代の文脈における日本の伝統建築のあり方を模索する旅へと変わっていった。

東京からほど近い相模湾の高台に建つ邸宅からは、火山活動によって形成された海岸線——海に突き出た険しいリアス式海岸——が俯瞰できる。この絶景をデザインの中心に据えて〈フォスター＋パートナーズ〉がつくりあげたのは、あらゆる方角から景観を迎え入れる、ガラスの屋根と外皮をもつ長方形の鉄骨住宅だった。

ユーティリティエリアはすべてレイアウトの隅に配置し、中央のセクションは、流れるように広がるリビングスペースにデザインした。起伏に富んだ海岸線と太平洋の雄大な景色が、全面ガラス張りのスライドドア——この家の内と外とを分かつ唯一の境界線——を抜けて家中に広がり、中央セクションを圧倒する。ガラスの屋根から差し込み、可動式ルーバーで和らげられた自然光が、内部空間を満たす。このルーバーによって、時とともに移ろう美しい陰影が生み出されていく。室内は、ふすまを閉めると複数の小部屋に分かれ、ガラスのスライドドアを開けると景観を取り込んだ開放的な空間となる。建物周縁に取りつけられた縁側のような板敷きのテラスが、リビングエリアを庭の景色へと拡張し、内と外を分かつ微妙な境界をさらにあいま

「和敬清寂」

上：〈フォスター＋パートナーズ〉が手がけた細長いガラス張りの風雅な邸宅。日本と欧米の建築思想を体現している。

左：簡素な総ガラスのスライドドア越しに、長方形の静謐なプールと純和風庭園が見える。

いなものにする。

ガラスをふんだんに使ったこの家のプライバシーの問題は、崖上に生い茂る木々と庭に植えたクスノキを目隠しに使うことで対処した。島根県から移築した江戸時代後期の小さな茶室が、この現代的なガラスの家と、日本の伝統様式や風景とを見事に調和させている。

左：和風家屋の縁をなぞるようにしつらえられたガラスのスライドドア。これにより、リビングスペースが縁側風のテラスへと広がり、内でも外でもない、あいまいな空間が生み出される。

左下：骨組構造をもつこの家のメインスペースには柱間が7つある。メインスペースは、ふすまによって小さな空間に仕切ることができる。

右：ガラス張りのリビングエリアと寝室は、すりガラスの障子でプライバシーが保たれている。

アメリカ：カリフォルニア州ブレントウッド　「この家はいわばフォルムの集落です」そう語るのは、ロサンゼルスに拠点を置く建築家のエド・ナイルズだ。1991年、彼は地元のビジネスマンの依頼で、ガラスの曲面をもつこの建物をカリフォルニア州ブレントウッドの山頂に建築した。「どのフォルムも、施主が選んだ絶景ポイントに合わせてつくっています。素晴らしいロケーションのおかげで、朝焼けの景色、街の夜景、リビングルームから眺める海の風景や西の山の眺望など、ポイントはいくつもありました」

多くの景色をデザインに生かすために、ナイルズは青緑に着色したガラスを用いて、なめらかな曲面をもつパビリオンから成る邸宅を設計した。各部屋は異なる眺めに面したつくりになっている。「くり抜かれた開口部から景色を眺めるだけでなく、美しい影が壁面に映り込むよう設計しています。フレームが移ろう風景を切り取っていくのです」

カリフォルニアの太陽は沈む時も西の地平線ぎりぎりまで明るく輝いている。そのため熱容量を考慮して、この家の西側では窓面積を最小限に抑え、東と南側には建物全体のガラス面の85%に相当する窓をはめ込んだ。建物のポイントとなる広いダイニングルームは街が見える南向きに、マスタースイートは朝の光であふれるよう東向きに設置した。一方、バスルームが置かれた西側はマンデビル・キャニオンの住宅密集地に面しているため、プライバシーの点で不安があった。「そこでマンデビル・キャニオンまで下りていき、そこからどう見えるかチェックしたところ、シャワーエリアのガラスの高さを1.2mに設定すれば、施主家族のプライバシーが確保できることが分かりました」とナイルズ。

マスタースイートの真下にあたるフロアには、事務所と3つの子ども部屋、それにゲストスイートがあり、どの部屋からも山並みの絶景が眺望できる。さらに、見る者に荘厳な印象を与える円塔には、リビングルームと図書室が設けられている。

「高さのあるガラスのボリュームが街並みと海辺の景色を同時にとらえて、室内に取り込みます。でもそれだけではありません。ここでは建物のさまざまなフォルムが生み出す彫刻のオブジェも、同時に鑑賞できるのです」

「フォルムの集落」

右：設計を担当した建築家が「フォルムの集落」と呼ぶ、きわめて独創的なカリフォルニアのガラスの家。円塔にはリビングルームと図書室が入っている。

左：日差しを受けてきらめくプールとガラスの曲面。ガラスにはカリフォルニア州の厳格な省エネ規制を遵守するために、薄い青緑のティント加工と特殊金属膜（高断熱Low-E膜）コーティングが施されている。

上：建物のフォルムが、彼方に見える街の景色を切り取っている。

左：この家の中央にあるダイニングエリア。天井に取りつけられたブラインドが、日差しを和らげてくれる。

右：光あふれる東向きの主寝室。

下：すらりと並んだ窓からパノラマのような景色が一望できる。

スペイン：ジローナ市モンタギュー　ジローナを中心に活動する〈RCRアーキテクツ〉は、低予算で家を建てたいという若い夫婦からの依頼で、スペインの片田舎にある本来ならばあまりぱっとしない土地に、均整のとれた光り輝くガラスの邸宅を建てた。担当した建築家が「面白味のない土地」と呼ぶこの場所にも「景色が美しい」という利点があった。そこで、この長所を最大限に生かすべく設計が進められた。

2000年、メタルメッシュのスクリーンで保護されたガラスの箱が作業場で組み立てられた後、モンタギューの敷地まで輸送された。現地では半地下のガレージがすでに設けられていた。

伝統的な別荘建築とこの家の様式とを比較した場合、共通点よりも相違点のほうが多いが、それでもこの家のフォルムは、中央セクションの両側にウィングが配された左右対称の別荘様式を踏襲している。建物内部の配置は、外壁に取りつけられた可動式パネルによって変更可能になっている。そのため空間のバランスを変えて、3つの個別エリアに分けることも、1つの広いフリースペースをつくることもできる。

「刻々と趣を変える風景」

右：スペインの伝統的な別荘建築に近未来的な解釈を加えた光り輝くガラスの箱。リビングと応接エリアがある中央セクションの両サイドには、プライベート施設を備えたウィングが配されている。

左：ガラス張りの家屋の下には、ガレージの入った半地下エリアがある。

左：ガラスのパーティションを移動させれば、内部のレイアウトを変更できる。

右：戸外の雰囲気とスペインの移ろいゆく風景が内部空間を満たしている。

下：ガラスのウィングはメインリビングスペースから見通せる。

寝室と書斎のエリアはそれぞれ両サイドのウィングに、メインのリビングスペースは中央セクション——フィリップ・ジョンソンやミース・ファン・デル・ローエの画期的なガラスの家に比肩しうるほどの、ピュアな透明感をたたえた「きらめくガラスの箱」——に設置した。シンプルで透き通ったフレームレスガラスで囲まれたリビングエリアは、中で営まれる日々の生活をショーケースのように展示し、隣家との隔たりだけがこの家にプライバシーを提供している。

ファンズワース邸やフィリップ・ジョンソンのガラスの家と同様に、このスペインのガラス邸宅の場合もその魅力は外観にある——そこでは刻々と趣を変える風景がガラスのフォルムに映し出され、内部に引き込まれて、伝統的な別荘建築を近未来的に焼き直したこのデザインに不可欠な要素となっている。

アメリカ：カリフォルニア州ソラノ郡　「この家を設計したのは、風景をとらえて家の中に引き込み、流転する自然のアート作品のように室内を装飾するためでした」こう語るのは、著名な建築家ジョン・ロートナーの仕事を引き継いだヘレナ・アラヒュートである。実際ここには、ため息が出るほど美しい眺め——ナパ・ワインの産地に隣接し、サンフランシスコのゴールデンゲートブリッジからシエラネバダ山脈、ディアブロ山に至る360度のパノラマに囲まれた、カリフォルニア州ソラノ郡の最高峰から望む絶景——が広がっている。

たばこのパッケージ会社を起こして財を成したジョン・ロスコーとその妻マリリンは、この比類なき場所にあくまでこだわり、小さな区画を徐々に買い足しながら、長い年月をかけてこの地を手に入れた。これだけ見事な眺望なら、彼らがこだわるのも無理はない。そして風光明媚なロケーションに位置する690haの草深い丘と森の堂々たるオーナーとなった2003年頃には、この美しい景観にふさわしい家を建てようと心に決めていた。

実際に図面を引く前に、アラヒュートは現地の丘の上に立ち、周囲の景色を心ゆくまで味わった。その結果生み出されたのが、あらゆる方向から景色を取り込む、シンプルなスタイルの目の覚めるようなガラスの六角展望台だ。半地下になっている下の階には、寝室2間と図書室、エクササイズルーム、ユーティリティルーム、そしてガレージが入っている。だが絶景を存分に堪能できるのは上階である。最上階は、主寝室とバスルームのあいだに間仕切りがあるだけの、おおむねオープンプランになっている。六角形の残りの部分はリビングとダイニングキッチンで構成され、どの空間も四方を取り囲む渓谷のドラマティックな景色——壁一面に広がるフレーム

「俯瞰した風景」

左：ジョン・ロートナーの建築事務所が手がけた、ガラスで囲まれた美しい六角展望台。高さの異なる先細りの屋根が、軽やかな印象を与えている。

上：カリフォルニア屈指の高峰に建つこの家からは、シエラネバダ山脈とサンフランシスコの360度の風景が一望できる。

レスガラスの窓越しに触れられそうなほど間近に迫る絶景──で覆われている。

風景を俯瞰し、広大な敷地の中に軽やかに佇むこの家は、周囲の環境にしっくりとなじんでいる。外観はほぼ透明で、遠くからではその存在はほとんど分からない。先細りの屋根が、まるで重力とは無縁であるかのような錯覚を見る者に抱かせる。高さの異なる屋根からはうかがい知ることはできないが、内部空間は非常に広く、梁や支柱で視界を遮られることもほとんどなく雄大な景色が見渡せる。

周囲の景観と視覚的に結びついたこの家には、物理的にも両者をつなぐ架け橋が「ロスコー家のプール」という形で存在する。ガラスの外壁の下を流れるプールは、この壮麗な邸宅のオーナーへのアラヒュートからの贈り物である。おかげで彼らは、周囲の景観を眺めるだけでなく、風景のただ中へ滑るように泳いでいくという、素晴らしい機会を手にすることができた。

上：最上階から下の階へと通じる曲線的な屋外階段。

右：邸宅のガラス壁の下を通って、内から外へと流れるプール。

次ページ：絶景を取り込むフレームのない窓。回転ドアを開けると、内部空間が景観に向かって開かれる。

次の見開き：ドラマティックな風景に向かって突き出たプールは、まさに圧巻。

左：石張りの床と天然木の天井のあるダイニングスペース。絶佳の眺望を堪能できる。

下：最上階の主寝室。総ガラスの窓からパノラマのような雄大な景色が見渡せる。

インドネシア：バリ州トゥカッド・バリアン　インドネシア、バリ州トゥカッド・バリアンのかつての稲田に直線的に配された壮美なガラスの邸宅。ここは、地元の建築家アントニー・リューとフェリー・リドワーンが、「風景と調和した自然志向のシンプルな家」を建ててほしいという造園家である施主の希望に応えて設計したものである。

施主家族の自宅兼事務所としてデザインされたこの家には、時間帯や時節ごとに移り変わる景色の見どころをその時々で楽しむために、流動性をもたせることが求められた。さらに、「木々を通して自然はそのままの姿を現す」ため、樹木を1本たりとも「伐採」してはならないとの施主の強い要望もあった。こうして誕生したのが、内と外とを分かつ明確な境界のない、景観とほぼ一体化した住居である。自生樹の大半が残されたため、敷地はほぼ自然のまま保たれ、建物自体も環境に配慮して建築された。

非常に細長いフォルムをしているため、ずらりと並んだガラスのスライドドアを開けば、新鮮な空気が家中に行きわたり、内外の境界が完全に崩れ去る。木製の格子網戸がこの建物の通気性に富む外皮となり、ソフトなプラスター仕上げの外壁が風にそよぐ木々の揺らめく影をとらえている。

建物のサイドに設けられた長いプールが、主寝室とリビングルームと子ども部屋の外観につながりをもたせ、美しい敷地に備わる自然のエレメントと家屋とを結びつけている。

上：自宅と事務所の2つのセクションに分かれた邸宅。すりガラスの回転ドアは、両セクションを必要に応じて分割したり統合したりするのに使われる。

上：設計を手がけた建築家曰く、「風景と調和したシンプル」で直線的なガラスの家。

「自然のエレメントとの結びつき」

上：ガラスのスライドドアを開けば、キッチンスペースが自然の環境に向かって開かれる。

上：リビングエリアの傾斜天井によって、間仕切り壁の上に斜めの空間が生み出され、空気が自由に流れていく。

左：稲田の面影を残す風景が寝室空間の大半を占めている。

結論

素晴らしいガラスの家がすでに数多く存在し、世界中の建築事務所では、さまざまな住宅が設計図に描かれ、建築されるのを待っている。そうしたなか、住宅建築の未来が、これまで以上に大胆で独創的な美しいガラスの家で彩られることは想像にかたくない。

20世紀に生み出された画期的なガラスの家が、今日のガラス建築の設計者に革新的なアイデアを豊富に提供したように、本書で紹介した光り輝く邸宅も、未来の建築家のインスピレーションの源になるにちがいない。仮に過去1世紀と同じペースでガラスの製造技術が進歩していくとすれば、今後100年にわたり、ますます用途が広く透明な建材が建築家に提供され、彼らの創造力はさらに広がることだろう。

ガラスの熱特性と耐荷重性が向上し、建物の広範囲にガラスを用いても強度と安全性が保たれるようになれば、建築家に新たな手段が与えられ、より実用的で住み心地が良く、見る者に感動を与えるガラスの家が考案され、設計され、建設されていくだろう。ガラスの家には素晴らしい未来が待っている。明らかにクリアな未来が。

建築家ディレクトリ

Barton Myers Associates
T. +1 310 208 2227
www.bartonmyers.com
Stéphane Beel Architecten
T. +32 09 269 51 50
www.stephanebeel.com
Belsize Architects
T. +44 (0)20 7482 4420
www.belsizearchitects.com
Lynn Davis Architects
T. +44 (0)1304 612089
Terry Farrell and Partners
T. +44 (0)20 7258 3433
www.terryfarrell.co.uk
Fearon Hay
T. +64 9 309 0128
www.fearonhay.co.nz
Lee Fitzgerald Architects
T +44 (0)20 7089 6440
www.leefitzgeraldarchitects.co.uk
Foster & Partners
T. +44 (0)20 7738 0455
www.fosterandpartners.com
Kenneth E. Hobgood Architects
T. +1 919 8287711
www.kennethhobgood.com
Eva Jiricna
T. +44 (0)20 7554 2400
www.ejal.com
Stephen Kanner
T. +1 310 451 5400
www.kannerarch.com
Mathias Klotz
T. +56 2 676 2701
www.mathiasklotz.com
Marcio Kogan
T. +55 11 3081 3522
www.marciokogan.com.br
Lautner Associates
T. +1 310 577 7783
www.lautnerassociates.com
Antony Liu
T +62 816 810 691
Email tonton@dnet.net.id
Daniel Marshall Architect
T. +64 09 3023661
www.marshall-architect.co.nz
David Mikhail
T. +44 (0)20 7377 8424
www.davidmikhail.com
Munkenbeck & Marshall
T. +44 (0)20 7739 3300
www.mandm.uk.com
Edward R. Niles Architect
T. +1 310 457 3602
www.ednilesarchitect.com
RCR Arquitectes
T. +34 972 269 105
www.rcrarquitectes.es
Richard Rogers Partnership
T. +44 (0)20 7385 1235
www.richardrogers.co.uk
Harry Seidler
T. +61 2 99221388
www.seidler.net.au
SPF Architects
T. +1 310 558 0902
www.spfa.com
Seth Stein
T. +44 (0)20 8968 8581
www.sethstein.com
Dick van Gameren & Bjarne Mastenbroek – de Architectengroep
T +31 020 530 4850
Vincens & Ramos Arquitects
T. +34 915210004
Isay Weinfeld
T. +55 11 3079 7581
www.isayweinfeld.com

Picture Credits

Front Cover
House in Kensington: London, Richard Bryant/arcaid
Back Cover
Indonesia: Tukad Balean, Bal, Sonny Sandjaya/arcaid.
1 John Edward Linden/arcaid
4–5 Richard Bryant/arcaid
6–7 Alan Weintraub/arcaid
Chapter 1: The Innovators
10 Case Study House, John Edward Linden/arcaid
12–15 UK: Chertsey Surrey, Richard Bryant/arcaid
16 US: Canaan, Connecticut, Bill Marris/Esto/arcaid
17 US: Canaan, Connecticut, Richard Bryant/arcaid
18–21 US: Plano, Illinois, Alan Wentraub/arcaid
22–25 US: Hollywood Hills, California, John Edward Linden/arcaid
26–27 Australia: Wahroonga, NSW, Richard Bryant/arcaid
28–31 UK: East Grinstead, Surrey, Richard Bryant/arcaid
32–35 UK: Wimbledon, London, Richard Bryant/arcaid
Chapter 2: Indoor-Outdoor Living
36 Brazil: São Paulo, Alan Weintraub/arcaid
38–41 US: Pacific Palisades, California, John Edward Linden/arcaid
42–45 US: Montecito, California, Richard Powers/arcaid
46–49 Brazil: Rio de Janeiro, Alan Weintraub/arcaid
50–53 Brazil: São Paulo, Alan Weintraub/arcaid
54–57 UK: Petersham, London, Richard Bryant/arcaid
58–63 US: Malibu, California, John Edward Linden/arcaid
64–67 UK: Highgate, London, Nicholas Kane/arcaid
68–71 NZ: Waitemata Harbour, Auckland, Richard Powers/arcaid
72–77 UK: Hammersmith, London, Richard Bryant/arcaid
78–81 UK: Deal, Kent, Richard Bryant/arcaid
82–85 Canada, Toronto, Richard Bryant/arcaid
86–89 US: Bel Air, California, John Edward Linden/arcaid
90–95 Ibiza, Spain, Eugeni Pons/arcaid
Chapter 3: Breathing New Life
96 UK: Kensington, London, Richard Bryant/arcaid
98–101 UK: Chelsea, London, Richard Bryant/arcaid
102–105 UK: Camden, London, Richard Bryant/arcaid
106–109 UK: Stockwell, London, Nicholas Kane/arcaid
110–113 UK: Highgate, London, Richard Bryant/arcaid
114–119 US: Los Angeles, California, Alan Weintraub/arcaid
120–123 UK: Kensington, London, Richard Bryant/arcaid
124–127 US: Charlotte, North Carolina, Paul Warchol/archenova/arcaid
Chapter 4: At Home in the Landscape
128–133 Brazil: Rio de Janeiro, Alan Weintraub/arcaid
134–139 France: Cap Ferrat, Richard Bryant/arcaid
140–143 Belgium: West Flanders, Alberto Piovano/arcaid
144–147 New Zealand: Great Barrier Island, Richard Powers/arcaid
148–151 US: San Fernando Valley, California, John Edward Linden/arcaid
152–155 Brazil: Tijucopava, Alan Weintraub/arcaid
156–159 Chile: Tongoy, Alberto Piovano/arcaid
160–163 Netherlands: Borneo Island, Amsterdam, Nicholas Kane/arcaid
164–167 Japan: Sagami Bay, Ian Lambot/arcaid
168–173 US: Brentwood, California, Alan Weintraub/arcaid
174–177 Spain: Montagut, Girona, Eugeni Pons/arcaid
178–185 US: Solano County, California, Alan Weintraub/arcaid
186–189 Indonesia: Tukad Balean, Bal, Sonny Sandjaya/arcaid

For further information about the work of photographers featured in this book go to: www.arcaid.co.uk

Acknowledgements
Huge thanks to Colin Webb and Victoria Webb at Palazzo Editions, as well as Bernard Higton, Catherine Hooper and Sonya Newland for their major roles in the making of this book, and particularly to Sue Ucel at Arcaid Image Library whose help has been invaluable. More thanks to Richard, Lucy and Charley for their very welcome support, and of course to all the architects who gave up their time to tell me about their incredible glass houses.
Nicky Adams, June 2007

ガイアブックスの本

Glass House
ガラスの家

発　　行　2010年 9月1日
発 行 者　平野　陽三
発 行 元　**ガイアブックス**
〒169-0074 東京都新宿区北新宿3-14-8
TEL.03(3366)1411　FAX.03(3366)3503
http://www.gaiajapan.co.jp
発 売 元　産調出版株式会社

ISBN 978-4-88282-760-3 C3052

Printed in Singapore

著　者：ニッキー・アダムス(Nicky Adams)
ロンドン・カレッジ・オブ・プリンティング(現ロンドン芸術大学／ロンドン・カレッジ・オブ・コミュニケーション)卒業。現在はフリージャーナリストとして、専門誌および全国紙・地方紙に、建築、インテリア、不動産など、幅広いテーマで記事を書いている。

翻　訳：田中　敦子(たなか　あつこ)
大阪大学文学部美学科卒業。訳書に、『私が何を忘れたか、思い出せない』『アリの背中に乗った甲虫を探して』(いずれもウェッジ)など。